Social
Network
Services

SNS 背景下
居民旅游目的地形象传播参与意愿研究

田巧莉 ◎ 著

企业管理出版社
EMPH ENTERPRISE MANAGEMENT PUBLISHING HOUSE

图书在版编目（CIP）数据

SNS 背景下居民旅游目的地形象传播参与意愿研究 / 田巧莉著 . —北京 : 企业管理出版社 , 2023.8

ISBN 978-7-5164-2862-7

Ⅰ . S… Ⅱ . ①田… Ⅲ . ①旅游地 – 形象 – 传播 – 研究 Ⅳ . ① F590.3

中国国家版本馆 CIP 数据核字 (2023) 第 126116 号

书　　名：SNS 背景下居民旅游目的地形象传播参与意愿研究
作　　者：田巧莉
责任编辑：杨慧芳
书　　号：ISBN 978-7-5164-2862-7
出版发行：企业管理出版社
地　　址：北京市海淀区紫竹院南路 17 号　**邮编：**100048
网　　址：http://www.emph.cn
电　　话：发行部（010）68701816　编辑部（010）68420309
电子信箱：314819720@qq.com
印　　刷：北京虎彩文化传播有限公司
经　　销：新华书店
规　　格：710 毫米 ×1000 毫米　16 开本　10.75 印张　128 千字
版　　次：2023 年 8 月第 1 版　2023 年 8 月第 1 次印刷
定　　价：78.00 元

前言

社交网络（Social Network Services，SNS）的出现，赋予了每一个普通网民信息传播的便利。随着SNS的不断发展，在旅游活动中，人们在社交网络上分享旅游目的地形象和推荐旅游目的地的行为已经变得越来越普遍，游客在SNS背景下分享旅游目的地美食美景的行为也一度成为众多学者的研究热点。然而，除了游客，越来越多的当地居民开始通过SNS参与旅游目的地形象塑造，呈现出与官方和商业宣传完全不同的表达方式。居民的参与对旅游目的地形象塑造具有非常重要的意义。现有研究更多的是以游客作为研究对象，而较少对旅游目的地当地居民的分享行为做研究。居民通过SNS参与旅游目的地形象传播行为的影响因素与游客有着很大的不同，因此本书的研究具有较强的理论和现实意义。

本书通过文献研究，提出研究变量和研究模型框架，最终确立以桂林居民运用SNS参与旅游目的地形象宣传意愿为因变量，主要考虑居民特征、社交媒体特征对居民运用SNS参与旅游目的地形象宣传意愿的影响，同时引入居民感知价值为中介变量的研究模型来探讨居民活动特征与参与意愿的关系。模型中居民特征包含了三个独立变量，它们分别是地方依恋、居民自豪感、居民自我表现；社交媒体特征包含了三个独立的变量，它们分别是公开性、互动性和娱乐性；中介变量居民感知价值包含了社会价值、情感价值和共同体价值三个变量。

本研究为理解 SNS 背景下旅游目的地居民参与意愿的决策过程提供了系统的理论框架。本研究采用定量研究方法，通过问卷调查网站进行在线调查，使用微软 Excel Office 365 整理和重新编码数据，将整理后的数据导入结构方程建模（SEM）软件、AMOS 23.0 软件和 SPSS 23.0 统计软件进行各种分析。

本研究评估了 586 名受访者对 11 个变量的态度，采用克朗巴赫系数和探索性因子分析分别确定本书所设计的研究变量在预调研和正式调研时的信度和效度，采用验证性因子分析（CFA）确定本研究正式数据的收敛效度，采用相关性分析和结构方程模型验证本书所提出的相关假设结果。

研究结果表明，该调查是有效和可靠的。旅游目的地居民内在特征各维度对于居民感知价值各维度均存在显著的正向影响。居民对于桂林的地方依恋、自豪感与其自身的自我表现特征越强烈，其对社交媒体所发挥的社会价值、情感价值和共同体价值感知也会更加强烈，也就越可能在SNS背景下积极参与旅游目的地形象传播，居民感知价值中介效应越明显。

本书研究支持了之前的研究结果，即在认知—情感—行为框架的指导下，感知价值对居民的参与意愿有积极影响。（此外，本研究对于提升居民在SNS背景下参与旅游目的地形象传播的积极性、完善旅游信息，提升居民情感价值，提升居民共同体意识，着力激发旅游区当地居民的地方依恋和自豪感，提高社交媒体的公开性与互动性等方面具有参考价值。）从实践的角度看，本书对助力旅游目的地的发展具有一定的参考意义。

目录

第 1 章　绪论

SNS

1.1 研究背景

社交网络（Social Network Service 或 Social Network Site，SNS），有社会性网络服务、社交网络服务、社会化网络服务等不同中文译法，也习惯性称为社交网络，本书统称 SNS。Web 2.0 以用户生成内容（User Generates Content，UGC）、分享、协作为核心精神和基本特质。互联网世界本身并不是在某一时刻突然进入 Web 2.0 时代，而是在其发展过程中因各种新型网络应用和独具特色的服务网站涌现而推动了互联网时代的变革。Web 2.0 虽然不是一个技术标准和规范，但却不可避免地包含了技术架构和应用软件，主要通过网站平台化建设，实现更为强大的交互功能，以鼓励网络使用者创造和分享内容，从而使互联网世界里可供分享的信息资源更加丰富，并且催生了用户参与（Participation）、个性化（Personalization）的内容供给、点对点（Peer to Peer，P2P）分享等特点，其本质是信息技术发展带动网络世界民主化、社会资本化进程。

社交网络起源于 1997 年创立于美国的 SixDegrees.com，其初衷是希望提供网络空间，让人们可以在网络上实现彼此连接。

社交网络的出现，促进了旅游景区及游客之间的零距离互动，这不仅打破了以往旅游景区向游客单通道的信息传递方式，同时也促进了旅游景区适应新时代的营销需求。一方面，新媒体平台促使旅游景区和旅游消费者开始进行双向沟通，旅游景区可以通过了解游客需求进行针对性营销，并根据反馈信息提供更高质量的服务，以人性化的服务持续满足游客的需求。另一方面，新媒体呈现形式的多样化给旅游景区营销带来新的思路，旅游景区营销渠道由传统媒体形式转化成了新媒体与传统媒体交叉使用的形式，新媒体不仅使信息呈现方式有所改变，同时也改变了旅游消费者获取旅游信息的方式。

当前，无论是从旅游交易的整体情况还是从旅游消费者信息搜寻、决策制定、预订购买、售后评价的各个环节来看，社交网络都已成为网络电商、网络营销的一大亮点。一方面，网络零售市场在移动化和社交化趋势的驱动下加快了发展步伐。根据中国互联网络信息中心（China Internet Network Information Center，CNNIC）的统计，截至2022年6月，我国网民规模为10.51亿，互联网普及率达74.4%。网民使用手机上网的比例达99.6%。从2020年12月月底的数据来看，我国使用各大旅行预订APP的用户规模达1.6亿，形成了一个庞大的旅游预订市场。另一方面，在信息传播方面，社交网络中具有代表性的博客/个人空间、微博、微信、社交网站等都已经成为旅游目的地信息传播的重要平台和途径。目前上述社交网络用户规模庞大，博客/个人空间用户数量为4.37亿，网民使用率为70.7%；微博用户数量为2.808亿，网民使用率为45.5%；社交网站用户数量为2.78亿，网民使用率为45%；即时通信软件（以微信、易信为代表）用户数量为5.32亿，网民使用率为86.2%。这些交流沟通方式影响了旅游消费者信息搜索、决策制定、预订方式、过程分享、售后评价等环节，对旅游营销者探索在网络环境下培育、维系和强化竞争优势有着重要的影响。

1.2 研究目的

通过对研究背景的分析，本书将重点研究旅游目的地居民在社交媒体背景下，对旅游目的地形象传播的参与意愿，对以往的研究进行梳理和总结，并基于感知价值等理论提出研究假设。通过大规模问卷调查，了解在SNS环境下居民参与旅游目的地形象传播的态度和情况，探讨影响居民参与意愿的因素，并在数据验证的基础上，得出本研究的结论。具体而言，本书的研究目的如下。

通过梳理前人的研究成果，提取在社交媒体背景下，旅游目的地居民参与本地形象传播意愿的具体影响因素。基于感知价值等理论构建本研究的社交媒体背景下居民旅游目的地形象传播参与意愿模型。通过问卷调查和数据分析，验证本书提出的研究假设和显著性程度，为鼓励和吸引更多居民通过社交媒体参与旅游目的地形象传播提出建议。

1.3 研究意义

在理论意义上，目前关于当地居民参与旅游目的地形象宣传意愿的研究依然有很大的空间。本书采用SPSS 2.5和AMOS 23.0软件验证居民内在特征、社交媒体特征与居民感知价值、居民感知价值与居民参与意愿变量之间的假设关系，探讨了居民感知价值在居民活动特征与参与意愿关系中的中介效应，一方面丰富和发展了旅游形象的相关理论，另一方面也为研究居民参与旅游目的地形象宣传意愿提供了新的思路。

在实践意义上，引入社交媒体相关变量研究居民参与旅游目的地形象宣传意愿，验证社交媒体在居民参与旅游目的地形象宣传意愿中的重要作用，为各旅游目的地推动居民运用社交媒体参与旅游目的地形象宣传提供现实的指导。

1.4　研究框架与内容

本书主要探讨SNS背景下旅游目的地居民特征和参与意愿的关系，引入居民感知价值作为中介变量。具体来说，本书内容共有5章。

第一章为绪论，主要陈述本书的研究背景，说明本研究的目的、理论和实践意义，以及研究内容与框架。

第二章为本书所涉及相关理论的文献综述，通过对社交媒体特征、居民内在特征、居民感知价值、居民参与意愿等相关变量进行文献回顾和综述，为构建理论模型和实证研究奠定理论基础。

第三章为研究设计部分，提出本研究的变量定义、理论模型和相关研究假设，并基于此完成调查问卷的设计。

第四章为实证研究部分，包括样本的基本情况统计，社交媒体特征、居民内在特征、居民感知价值、居民参与意愿等变量的描述统计，问卷的信度和效度分析，运用结构方程模型检验和SPSS回归分析验证本书所提出的相关假设，最后分析人口统计学变量对社交媒体特征、居民内在特征、居民感知价值、居民参与意愿的影响并做简要的评述。

第五章为研究结论、影响及发展方向，对本书的研究进行总结，提出相关建议，并阐明本研究的不足与进一步研究的展望，为后续研究指出方向。本书的研究框架如图 1-1 所示。

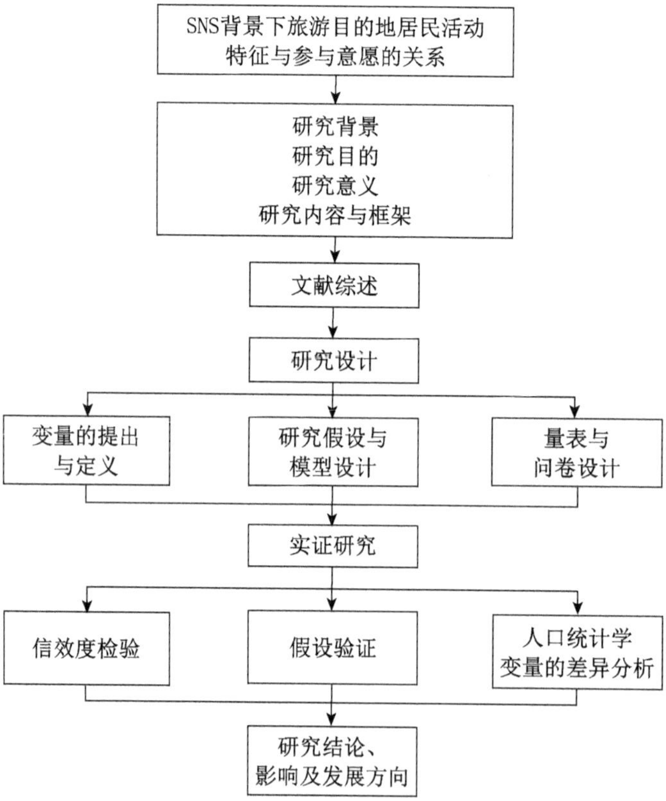

图 1-1　研究框架

第2章 文献综述

2.1 SNS 的现状及相关理论

Social Network Services（社交网络）是一个组合词汇，Social 有社会的、社交的双重含义。作为新兴词汇，社交网络既指社会化网络服务，也指提供此类服务的社交网站、社交媒体、社会化媒体。全球社交网络的真正兴起源自 Facebook 的全球推广。

不同学科背景的学者对社交网络的定义不尽相同。从技术角度来看，社交网络是一种新的电脑辅助沟通方式。Boyd 和 Ellison（2016）描述社交网络是一种允许网民在一个受限制的系统上构建的公开或半公开的个人空间，在空间里面明确列出友情链接用户名单，并且在这个系统里，网民可以查看自己的链接和关联用户的链接。他们强调社交网络中“网络”一词的含义是人们和存在于现实社会网络中的朋友之间的相互交流，明确了社交网络是基于“实名制”而非“匿名制”建立的基本特征。Guo、Shim 和 Otondo（2019）指出社交网络比维基和网络日志更强调数字化平台上的人际关系，因此在技术方面，它不仅需要多媒体数据传输技术，例如 XML 的数据推送和分配，还需要允许外部软件开发员利用应用程序编程接口进行应用开发。社交网络正处于持续、快速发展中，其定义的内涵与外延也处于发展之中。Chen（2021）总结已有文献，发现学者们从不同角度给社交网络做出了 30 多种不同的定义。

从社会学角度来看，社交网络建立的理论基础是六度分隔理论（Six Degrees of Separation），同时社交网络也在互联网数字化空间里验证了该理论的现实性。真实的人际关系本身如同一张网络，互联网无论是在 Web 1.0 时代还是 Web 2.0 时代，都是在不同程度上复制真实世界的人际关系网。在以技术创新为主导、点击量为基础、门户网站为表征的 Web 1.0 时代，网站雇员主导网络内容的生成，通过超链接方式嵌入各个网页，这种网页间的关系仅在较低程度上模拟着真实世界的人际关系网。而在 Web 2.0 时代，社交网络基于真实的人际关系而展开，将真实世界里的弱连带关系通过互联网进行整合，实现社会资本化，真实世界与虚拟世界开始交融，并呈现重合的趋势，成为社交网络研究新的切入点。Wellman 等（2003）将传统社会网络分析应用到网际空间的社交网络分析，其合法性基础就在于这两张网是高度重叠的。

随着P2P技术的日趋成熟，网际空间里社交网络的普及推广影响着人们的交往方式，以更有效率的方式实现了人们的社会化交往，因此有学者定义社交网络为“一种更加有利于多媒体信息交流和知识进化的集体行为和社会在线互动的新应用和服务”。社交网络创造了一个高效率、低成本地获取有效信息的技术平台，并借此创造了崭新的社会文化环境。在社交网络情境下，社会行动者，无论是个体还是群体，都已经成为各自交往范围的中心，基于Web 2.0理念和技术，庞大的社会性网络得以构建。在这个意义上，社交网络是一个开放性的社会网络。彭兰（2009）指出社会网络是社会行动者及其相互关系的集合，是多个点（社会行动者）和各点之间的连线组成的集合。人们使用社交网络时，依据原有的某些方面的类似性（Similarities）而连接起来，通过社会化的分享而彼此认识、相互调适、建构认同，将自已和分享对象一起纳入共同接受的价值网络中，产生共识，进而强化原来的类似性。在这个过程中，网络世界的自由、平等、分享得到发扬，成员基于链式交往而构建的散点状的社交图谱得以构建，成员在社交网络中对社会资本的诉求变得清晰。

从传播学角度来看，社交网络既指网络人际沟通和信息传播的重要平台和工具，也指节点或用户借助技术平台和工具建立起来的互联网世界里的社会化网络形态。从形态上考察，社交网络是一种深度社会型的非权力网络，即把权利下放，每个节点都无法绝对控制信息传播，但每个节点都必然对信息传播产生“分流”作用，整体上会实现信息的多向度流动。Chen（2021）认为社交网络中的每个用户都同时兼任传播者、接收者和媒介的角色，整个网络缺乏中心角色，信息传播因“去中心化”而具有多向度、非对称、幂增长的裂变式传播特点，网络节点联系必然性增强。Bristor（2021）认为从信息载体形式来看，社交网络具有多样化特征，形成了互联网世界独特的文化生态系统，催生了以“社交图谱—用户内容—互动分享—及时反馈”为特征的传播机制，增强了网络的凝聚力（Cohesiveness）和用户对社交网站的黏性（Stickiness），激发网络能力增值。

Zhu Jiang（2015）指出社交网络中用户分享的信

息具有实时性、交互性、真实性、主动性和多样性特征。作为新兴事物，尽管社交网络中的人际交往规则和文化生态尚处于建构中，但社交网络中已经发展起新的商业应用空间，改变着相关行业的商业形态和产业结构。在营销领域，社交网络正在作为一种新的营销环境和技术平台催生着新的营销思想和方法。Li Ruyou（2018）指出通过网络化思维和专业的营销技术，营销人员尝试着在社交网络中针对组织和利益相关者来创造和传递顾客价值，实现顾客关系管理和营销组织过程。社交网络是新兴的信息传播平台，它通过自身的技术手段和社会化网络特征改变了人们对信息资源的占有和分配方式，触发了人们思维方式的转变，进而带动个人生活习惯、社会生产方式的改变。这些由信息传播基点带来的系列变迁要求营销人员用网络化的思维和营销技术去重构营销范式。网络化思维是人类在适应互联网时代背景及其创造的虚拟现实空间过程中衍生发展而来的思维方式。虚拟是一种超越时空的思维方式，在人类思想史上早已有之。当代信息社会里，虚拟通过数字化的方式来实现。与环境变化相适应，网络化思维具有超越性、整合性、全球性、动态性、自主性、模拟性、发散性的特点，改变或部分改变了人们获取信息、思考和提问的方式，并强化了自由交流式的思维活动和交互式的思维方式。因此 Li Miaodui（2018）指出社交网络环境下，营销理念和技术发生了变革，在数字化的社交网络空间里聚合客户、传播信息成为主要的选择方向，派生出了新的互动式营销、内容营销、精准营销等具体的营销手法。SNS 研究的主要观点归纳如表 2-1 所示。

表 2-1　SNS 研究的主要观点归纳

研究者	主要观点
Boyd 和 Ellison（2016）	社交网络是一种允许网民在一个受限制的系统上构建的公开或半公开的个人空间，在空间里面明确列出友情链接用户名单，并且在这个系统里，网民可以查看自己的链接和关联用户的链接
Guo、Shim 和 Otondo（2019）	社交网络比维基和网络日志更强调数字化平台上的人际关系，因此在技术方面，它不仅需要多媒体数据传输技术，例如 XML 的数据推送和分配，还需要允许外部软件开发员利用应用程序编程接口进行应用开发
Chen（2021）	社交网络中的每个用户都同时兼任传播者、接收者和媒介的角色，整个网络缺乏中心角色，信息传播因“去中心化”而具有多向度、非对称、幂增长的裂变式传播特点，网络节点联系必然性增强

续 表

研究者	主要观点
Bristor（2021）	从信息载体形式来看，社交网络具有多样化特征，形成了互联网世界独特的文化生态系统，催生了以“社交图谱—用户内容—互动分享—及时反馈”为特征的传播机制，增强了网络的凝聚力（Cohesiveness）和用户对社交网站的黏性（Stickiness），激发网络能力增值
Zhu jiang（2015）	社交网络中用户分享的信息具有实时性、交互性、真实性、主动性和多样性特征
Li Ruyou（2018）	通过网络化思维和专业的营销技术，营销人员尝试着在社交网络中针对组织和利益相关者来创造和传递顾客价值，实现顾客关系管理和营销组织过程
Li Miaodui（2018）	社交网络环境下，营销理念和技术发生了变革，在数字化的社交网络空间里聚合客户、传播信息成为主要的选择方向，派生出了新的互动式营销、内容营销、精准营销等具体的营销手法

现有学者从社会学、传播学等不同角度，对社交网络的定义和特征做了大量论述，这些成果表明社交网络在信息传播中的重要作用。学者们的研究成果，有助于本研究准确地描述社交媒体网络的定义及理论发展历程，并且为确定社交媒体特征的变量提供了参考。

2.2　居民特征相关理论综述

社区及其居民作为社区核心旅游资源的所有权主体，应该参与社区旅游的发展决策和收益分配。根据各国乡村旅游的发展经验可知，地方居民对乡村旅游的态度是社区成功的关键。《关于旅游业的 21 世纪议程》中明确提出将居民参与作为旅游发展过程中的一项重要内容和必要环节。武文杰（2021）认为在参与乡村旅游开发、发展、建设过程中，社区居民的具体权利主要包含分享权、发展权和监督权。

2.2.1　居民行为表现形式

1. 社区参与行为

社区参与是社区居民参与社区发展计划、活动等各类公共事务的行为及过程，既体现居民对社区发展责任的分担，也体现居民对社区发展成果的分享（徐永祥，2000）。墨菲在其 1985 年出版的著作《旅游：一种社区方法》中，极力倡导社区居民参与旅游规划和决策制定，认为旅游发展应当倾听当地社区居民的声音，由此掀起社区居民参与旅游决策的研究热潮。吕宛青（2019）在研究中指出，旅游开发建设往往忽视了社区参与，大多数是由政府或旅游企业主导的自上而下的开发建设行为，这使得旅游发展与社区脱离，带来了很多方面的问题。随着社区居民作为主体参与当地旅游发展的作用越来越显著，国内外学者对社区居民参与旅游发展的研究主要集中在概念与理论分析以及通过研究案例分析社区参与的影响因素、参与层次、参与模式选择等方面。徐虹等（2021）基于景区旅游视角研究并探讨社区参与的构建框架，回顾社区参与理论与测算的方法特点及其与乡村旅游的关系，重新审视现有文献，在乡村旅游社区参与背景下，建立分类测算程序方法，提出一种具有多层次、交互性、进步性特色的社区参与乡村旅游的综合概念框架。陈炜（2014）在旅游业背景下，研究自我效能对当地社区参与、关系质量与可持续乡村旅游发展之间关系的缓慢影响，展示当地社区参与、关系质量与可持续乡村旅游的初步概念框架，以及自我效能如何影响它们之间的关系。

杨学儒（2020）发现旅游地规划应考虑社区因素，若能充分考虑居民要求并使其受益，则居民会以积极的态度支持旅游发展。有的社区居民特别是老年人，不太支持发展旅游业，他们认为旅游业是对自己生活方式的威胁。Hung（2021）对美国南卡罗来纳州 Charleston 社区进行调查研究，结果表明社区居民参与旅游开发的程度取决于动机、机会和参与能力。Edith Szivas（2018）对匈牙利旅游从业者进行研究，通过因子分析调查数据，证实了 Goldthorpe（2010）提出的4个工作倾向，并发现最强动机是从其他行业失业后进入旅游业寻求庇护。林晓娜（2019）认为，发展旅游依赖于旅游地社区参与，当地社区居民在旅游开发中可以选择是否参与以及如何进行参与，其参与意愿在一定程度上决定了社区的全面参与能否真正实现，并运用逻辑（Logistic）回归模型，研究中山市两个村农民参与乡村旅游的意愿分布并分析参与意愿的主要影响因素。杨学儒（2019）发现，在旅游地节庆活动举办地的社区居民具有比较强的参与意愿，但参与层次较低，参与程度尚有较大拓展空间。朱莎（2019）对阳朔西街旅游从业者流入动因进行因子分析发现，“追求生活方式”是阳朔西街旅游从业者最强烈的动机。龙良富（2012）采取访谈调查法对中山市新伦村妇女参与乡村旅游的动机进行研究发现，当地妇女表现出为孩子树立榜样、逃避紧张工作、展示兴趣爱好、提高家庭收入等具有明显地域特殊性的参与动机。此外，王兆峰（2019）认为，旅游地社区居民还应参与旅游市场调研、社区旅游营销、旅游服务监督、旅游资源环境保护、相关旅游知识的宣传教育等活动。周泽鲲（2019）则将社区居民参与旅游的内容分为居民参与旅游决策和旅游利益分配两部分，其中参与旅游利益分配又包括经济利益分配、培训和教育、就业、商机四个方面。因此，社区参与应包括经济、心理、社会和政治等多方面内容，才能保证当地居民充分分享旅游开发带来的各种利益，促进旅游业的可持续发展。

2. 环境保护行为

环境行为的研究兴起于20世纪60年代，它是指能够影响生态环境品质或者环境保护的行为，大致可分为两类：一类是建设和保护环境的积极行为，另一类是消费和破坏环境的消极行为（董丽丽，2013）。环境行为是环境意识的最终表现和衡量标准，Hines（1986）等学者将负责任的环境行为定义为：一种基于个人责任感和价值观的有意识行为，目的在于能够避免或者解决环境问题。国内学者王芳等（2006）认为，环境行为主要是指作用于环境并对环境造成影响的人类社会行为或各社会行为主体之间的互动行为。随着旅游业的发展，旅游地面临的生态环境问题日益严峻，王克军（2014）通过对政府、社区居民、旅游企业、游客四个核心利益主体在追逐自身利益过程中的环境行为进行分析发现，各利益主体对环境不负责任的利益角逐行为是导致民族村寨旅游环境问题的核心因素。吕君等（2008）对草原旅游发展中的社区居民环境意识水平进行了研究，发现居民的环境意识受到“环境知识制约 + 环境行为制约”，带有明显的经济利益驱动色彩，他们认识到发展草原旅游对环境构成威胁，具有保护环境的认知倾向和情感倾向，但重视程度远远不够。同样，程绍文等（2010）的研究发现，九寨沟自然环境特性及居民对旅游经济的高度依赖，让多数人清醒地认识到自然保护对九寨沟可持续发展的重要性，他们一旦感觉到九寨沟的自然环境因旅游开发而变差，会积极做出自然保护行为。

3. 主客交互行为

魏宝祥（2013）在研究中指出，主客交互行为是指作为东道主的旅游目的地居民和作为旅游主体的旅游者在旅游目的地面对面进行接触时所引发的各种行为现象与关系的总和。林碧虾（2009）提出，与一般的社会交往相比，发生在旅游目的地这一特定空间的主客交互行为，在地理空间、社会关系结构以及交往目的上有着一定的特殊性，一般而言是一种临时性的社会关系，是以旅游服务为连接点、主客双方各取所需的交易关系。主客交互行为既有积极效应也有消极效应，既可能促进文化传播交流、扩展人际关系，也可能增强对立情绪和主观偏见，甚至会产生排斥冲突行为。这种社会关系既包括游客与东道主之间的友好示意、交互、冲突等行为，也包括游客在旅游行程结束后与目的地居民之间维持的后续行为和关系。刘利（2021）认为在旅游主客交往过程中，主体包括旅游者、作为旅游服务者的职业东道主和目的地居民，从而构建了一个相对比较复杂的旅游交往情境模型。在游客与当地居民的互动过程中存在着大量的文化碰撞和信息交流，旅游亦是现代社会文化传播的重要途径之一。来自不同客源地的游客具有各自的文化特质和身份属性，必然与旅游目的地的社会文化存在一定差异，从而给当地人带来不同程度的影响。贺小荣（2017）认为旅游文化传播的示范性是许多人担心外来游客的涌入破坏当地原有传统文化的重要原因，与其他大众传播媒介的跨文化传播形式不同，旅游过程中主客双方交流具有亲身体验性、直接性、互动性等特点。基于这种人际交流的传播形式，可以具体而较深入地探究旅游主客双方社会文化的差异以及主客文化交互的微观过程和影响。

2.2.2　居民行为影响因素

Michell（2001）认为居民的社区意识、社区整体及权利关系是影响社区参与的 3 个关键因素。Cevat（2002）通过对发展中国家社区旅游参与行为影响因素的研究发现，社会政治、经济和文化是主要影响因素，其中文化是社区无法控制和选择的。Cicognani（2008）以3个国家大学生为研究对象，探讨了其参与行为与社区归属感的关系，研究表明美国大学生的参与程度和社区归属感相对较高，并且呈正相关关系。也有其他学者的研究表明城市居民的社区归属感与社区参与存在显著的正相关关系（单菁菁，2005；陈钒，2009），社区归属感是社区参与的主要影响因素之一。丁凤琴（2010）的研究显示，个体对社区的喜爱和依恋情感越强烈，就越会积极参与社区活动；反之，则其社区参与程度会下降。杨兴柱等（2005）通过文献分析及定性研究确定了影响农户参与旅游开发决策行为的8个可能因素，即农户对社区旅游地开发基础认知、旅游地归属感、旅游开发影响感知、农户参与能力、农户参与态度、农户参与决策、旅游地开发偏好、参与旅游行为等，并构建概念模型，运用结构方程模型进行实证分析和验证。

Brent（1996）的研究发现，公民个人面对环境问题的政治积极性以及做出的环境保护行为受到其环境态度的影响。男性在实践环境保护行为上没有女性突出，而且这样的性别差异在稍高年龄层表现得较为明显。Tomicevic（2011）认为，居民的自然保护行为与其性别、年龄以及受教育程度相关。孙岩等（2012）通过实证检验环境态度、个性和情境这 3 个环境行为的影响变量，发现环境态度因素中的环境敏感度、个性因素中的环境道德感以及情境因素中的行为约束和公共规范是影响居民环境行为最为重要的变量。在跨文化旅游中，文化交往、对当地传统文化的认识和环保意识等方面会对旅游地居民心理及行为产生较大的影响（梁旺兵等，2012）。李卫华（2008）认为旅游活动中影响主客交互行为的因素是多方面的，主要包括人口学特征、经济类、文化习俗类、动机类、出游方式以及环境类因素等。居民特征的主要观点归纳如表 2-2 所示。

表 2-2　居民特征的主要观点归纳

研究者	主要观点
丁凤琴（2010）	个体对社区的喜爱和依恋情感越强烈，就越会积极参与社区活动；反之，则其社区参与程度会下降
单菁菁（2005）	城市居民的社区归属感与社区参与存在显著的正相关关系，社区归属感是社区参与的主要影响因素之一

续　表

研究者	主要观点
武文杰（2021）	在参与乡村旅游开发、发展、建设过程中，社区居民的具体权利主要包含分享权、发展权和监督权
Michell（2001）	居民的社区意识、社区整体及权利关系是影响社区参与的3个关键因素
林晓娜（2019）	发展旅游有赖于旅游地社区参与，当地社区居民在旅游开发中可以选择是否参与以及如何参与，其参与意愿在一定程度上决定了社区的全面参与能否真正实现
王兆峰（2019）	旅游地社区居民应参与旅游市场调研、社区旅游营销、旅游服务监督、旅游资源环境保护、相关旅游知识的宣传教育等活动
徐虹等（2021）	基于景区旅游视角研究并探讨社区参与的构建框架，回顾社区参与理论与测算的方法特点及其与乡村旅游的关系，重新审视现有文献，在乡村旅游社区参与背景下，建立分类测算程序方法，提出一种具有多层次、交互性、进步性特色的社区参与乡村旅游的综合概念框架
Hung（2021）	对美国南卡罗来纳州Charleston社区进行调查研究，结果表明社区居民参与旅游开发的程度取决于动机、机会和参与能力

学者对于居民内在特征的研究，往往侧重于居民的个体属性和外在行为表现形式，因为这些概念更加容易测量，但却忽视了居民情感与行为的关系。本书基于情感地理理论，从居民情感角度出发，充分考虑居民情感对于其活动特征的影响。

2.3　感知价值理论概述

2.3.1　感知价值的内涵

Zeithaml（1988）提出，感知价值是消费者对产品效用的总体评估，即对收获与付出的对比分析的综合反映。Dodds，et al.（1991）认为顾客的感知价值取决于感知质量与其所获的利益之间的权衡及其价值判断。Slnetn（2017）认为感知价值分为功能、情感、认知、社交和条件价值五大维度。SlIrpy et al.（2000）认为感知价值是游客将对旅游目的地的感知与对应价格联系起来的综合反馈。Gursoy et al.（2006）发现，功利、享乐主义价值直接影响旅游的参与率。他在实证研究中对参与者的感知进行分析，发现 Voss 等的享乐 / 实用的价值量表中的维度对于旅游的参与者同样适用。研究结论更是指出，旅游者在参与过程中更看重享乐价值，其次是实用价值。

国内学者对于感知价值也进行了较多研究。董大海，权小妍和曲晓飞（2004）认为感知价值就是顾客在购买和使用产品的整个过程中，将其所获得的“利”与所付出的“成本”进行综合权衡比较的结果。李扣庆（2001）认为感知价值是顾客在购买与付出间综合权衡比较效益的结果。汪侠和梅虎（2006）认为感知价值是游客的旅游总付出成本、所获得的总价值，以及感知到的总价值这三者之间的综合权衡比较的结果。黄颖华、黄福才（2007）以内地访港游客为例，通过实证研究发现感知价值具有五大维度。张涛、贾生华（2008）通过对节事游客的调研，将感知价值构建成一个六大维度的研究模型，分别是便利价值、服务价值、价格价值、美感价值、玩乐价值、社会价值。现有研究关于感知价值的维度较多、较杂，感知价值的主要维度划分如表 2-3 所示。

表 2-3　感知价值的维度划分

维度划分	研究者	主要观点
二维度	Gursoy et al.（2006）	将感知价值分为实用价值和享乐价值，并指出旅游者在参与过程中更看重享乐价值，其次是实用价值
	Woodruff（1997）	将顾客感知价值分为实受价值和期望价值两个维度
	Sweeney and Soutar（2001）	认为顾客感知价值不仅包含质量和价格这两个维度，还应包含情感价值和社会价值两个维度
三维度	王锡秋（2005）	认为顾客感知价值是经济价值、物理价值及心理价值 3 个维度的综合考虑
四维度	Yoo and Park（2016）	从动态性的视角出发，将感知价值划分为获取、交易、使用及赎回等四种类型
五维度	Siment（1992）	感知价值分为功能、情感、认知、社交和条件价值五大维度
	Petrick（2002）	认为顾客感知价值包含 5 个维度，分别是质量维度、情感价值维度、货币成本维度、非货币成本维度和品牌价值维度

续　表

维度划分	研究者	主要观点
五维度	黄颖华、黄福才（2007）	以内地访港游客为例，从5个维度来测量旅游者感知价值的概念结构，分别是感知旅游质量、感知经济成本、情感价值、社会价值、感知非货币成本
	Vignerson and Johnson（2011）	研究重点为奢侈品的顾客感知价值，认为奢侈品的顾客感知价值可以包括炫耀价值、唯一价值、社会价值、情感价值，以及品质价值等5个维度
六维度	张涛、贾生华（2008）	通过对游客的调研，将感知价值构建成一个六大维度的研究模型，分别是便利价值、服务价值、价格价值、美感价值、玩乐价值、社会价值

2.3.2　居民对旅游地的感知价值研究

Camper（1981）通过对奥地利南部的两个社区进行实证研究，发现当地农民在旅游大发展的趋势中选择放弃农田，改为将房屋出租给旅游者，并在之后逐步将此变为谋生之道。Murphy（1985）提出影响居民感知的主要因素是主客体类型、旅游的社会重要性、个体对旅游的依赖度，以及旅游发展的进度。Liu C、Var T（1986）在以夏威夷居民为例的研究中指出，本土居民对旅游所带来的文化和经济效益方面的影响表现出积极态度，但在过程中忽视了其对社会与环境造成的负面影响。Um、Crompton（1987）认为居民对社会的依赖度是一个重要变量，尤其是常住居民更容易感受到旅游给文化造成的影响。Milman、Pizam（1988）以美国佛罗里达州居民的旅游感知为例，进行电话访谈式调研，发现当地居民不仅支持目前的旅游发展，还支持扩大旅游规模，这表明居民对旅游呈正面感知。Hom、Simmons（2002）通过对新西兰的两个旅游业依赖程度不同的小镇进行对比实证研究，发现社区居民只有感受到他们对旅游发展拥有控制感时，才会对旅游持积极态度，反之则会持消极态度。Gursoy、Kendail K W（2006）验证了居民的影响感知同样作用于支持度。Kim Y G、Suh B W 和 Eves（2010）指出满意度是参与者基于体验的满足情况所产生的。Pavlukovic V、Armenski T 和 Alcantara P J M（2016）以塞尔维亚和匈牙利的两大音乐节为例，通过实证研究发现不同民族文化使当地居民对音乐节的感知存在显著差异。Chou C Y、Huang S 和 Mair J（2018）进一步验证了居民感知价值有利于增强当地居民的主观幸福感。

戴凡、保继刚（1996）以大理古城居民主动学习英语的积极态度为实证案例，研究了旅游对居民造成的社会影响。王宪礼、朴正吉、黄永炫（1999）以长白山生物保护区居民为样本进行问卷调查，分析居民对旅游的感知。应天煜（2004）提出社区居民对旅游的感知主要产生于本土旅游业在发展中所带来的直接影响。李琛（2015）以北京市什刹海为例，研究历史文化街区居民对旅游的感知，结果表明居民对经济影响的感知多为正面的，而对于环境、社会文化这两大维度的感知则以负面感知为主。何彪、武慧慧（2017）以海南黎苗族“三月三”节为案例，研究发现对民俗活动举办地的社会文化和经济影响均与本土居民满意度呈显著的正相关关系。刘巍、汪秋菊（2019）以北京冬奥会为研究对象，发现本地居民对冬奥会的感知既有积极面也有消极面，感知由强到弱排序分别是社会文化影响、经济影响和环境影响。

学者们对感知价值的研究，尤其是关于感知价值在各类实证模型中的中介效应以及感知价值对于参与意愿的影响研究，为本书研究模型的确立提供了理论依据。同时，不同学者对感知价值有着不同的维度划分，本研究采用社会价值、情感价值、共同体价值的三维度划分方法。不过，感知价值概念在旅游形象研究中，往往是居民对旅游地的感知价值判断，而本研究基于社交媒体网络的研究背景，将“社交媒体”因素融入感知价值变量。

2.4　居民参与意愿研究

国外学者较早针对居民参与意愿进行相关研究。Taylor（1995）指出社区因素是影响旅游地规划的主要维度，要在某地发展旅游业，首先要考虑当地居民的需求以及经济效益，因为当地居民支持旅游业发展的积极态度可以促进该地发展。Wilson S（2001）认为，部分社区居民认为发展旅游业使自己原本的生活方式遭到了破坏，从而不愿意参与到发展旅游业的相关活动中去，其中以老年群体表现尤为明显。

Szivas E（2003）的研究对象是匈牙利当地的旅游从业人员，证实其参与的最大动机是失业后寻求旅游业的就业机会。Hung（2011）通过对美国社区的调查研究，发现居民的参与动机、参与机会及参与能力对参与程度造成影响。Prabhakaran S（2014）通过回顾有关社区和乡村旅游的关系、社区参与测量手段等方面的文献，以发展乡村旅游为切入点，深入分析社区参与的结构框架，尝试建立一个有关社区参与和乡村旅游的概念框架，实现多层次、高互动的社区参与。Fun F S（2014）以自我效能为切入视角，分析在旅游业发展的大环境下，自我效能如何缓慢影响社区参与、社区居民关系质量和乡村旅游的可持续发展，并在此基础上初步构建社区参与、居民关系水平，以及乡村可持续发展的概念框架。

国内学者对居民参与意愿的研究以实证分析为主。王小章等（2004）通过实证研究，发现调查地城市居民的参与意愿在总体上呈现低水平，而个体与社区的利益联系及居民个人的情感认同是影响其参与意愿的主要因素。李常蓝兮（2011）在其文章中指出，居民的经济状况、受教育程度、对社区的归属感及认同感等对其社区参与有一定的影响，同时社区居委会服务能力等也是重要的影响因素。陈晶环等（2011）在对北京某社区居民进行调查的基础上，分析了该地居民参与社区文体、管理、志愿、公益四项活动的特征，进一步论证参与意愿及参与行动的关系。赵凌云（2015）对上海某街道居民的社区参与进行了调查，发现多数居民愿意参与到社区活动中去，但实际上的总体参与度不高且不同群体间存在明显差异。在我国社区治理的研究中，大多数研究者发现了居民整体参与度不高的问题，且这种情况较为普遍，主要表现在两个方面：一是从总体上讲，社区居民的参与程度是低水平的、不均衡的；二是居民的参与层次是低水平的，形式是单一的，居民离实质性决策较远，属于参加而不是参与。对参与意愿的影响因素分析主要集中在三个方面，即居民自身因素、社区组织因素、社区与居民的互动状况。

目前学者关于参与意愿的理论研究侧重于两个方面：第一是探讨居民社区参与意愿的现状；第二则是从各自研究领域出发，总结了具有各自理论特色的参与意愿影响因素的分析框架。这些研究为本书提供了思路参考和理论借鉴，不过前人在研究居民参与意愿及行为的影响因素时，并没有特别重视居民在参与意愿上的不同表现。结合本书研究主题，考虑居民在实际运用社交媒体参与本地城市旅游形象宣传时，往往会体现出推荐和分享这两种行为倾向。因此，本书在总结前人研究的基础上，进一步细分参与意愿维度。

第3章　研究假设与理论模型

SNS

3.1 变量定义

3.1.1 居民内在特征的定义和维度划分

1. 地方依恋

地方依恋是“地方理论”众多研究成果中的一种，是研究人地关系的重要视角。20 世纪 80 年代末，Tuan 首次提出“恋地情结”（Topophilia），指出“恋地情结是人与某一地方之间形成的情感联系，是人对该地方的感知、态度、观念的总和”，这被学界普遍认为是地方依恋理论的研究起点。1976 年，Relph 观察到并提出“地方感知”（Sense of Place）的概念。1989 年，地方依恋（Place Attachment）的概念首次出现，即“人与特定地方的情感联系”，它是由 Williams 等学者提出的，这一概念在学界得到普遍认同。地方依恋由地方依赖和地方认同两个维度构成。地方依赖（Place Dependent，PD）表现为个体对地方功能的依恋，指某地的特定设施或物质基础满足个体需求的程度。地方认同（Place Identity，PI）是个体对地方情感的依恋，通过对环境的态度、偏好、信仰、价值观等表现出对地方的归属与认同感。Freud 认为地方认同是个体将对他人关系的期望、情感、行为以及与之互动的经历内化为特定的依恋风格的过程。根据依恋理论，依恋为个体提供安全感与舒适感，可预测地方依恋与地方满意度的关系。在本书研究中，笔者认为地方依恋作为居民内在特征的一个子维度，更多的是指个体对地方情感的依恋，通过对环境的态度、偏好、信仰、价值观等表现出对地方的归属与认同感。

2. 居民自豪感

自豪感是指个体对所属国家与民族的悠久历史、优良传统、优秀品德、人类文明贡献等感到光荣的情感，也是个体对所属国家与民族的历史文化、传统精神、价值取向、现实状况、未来走向等予以高度认同、信心十足的乐观主义精神。王云强（2016）认为中国是具有集体主义文化传统的国家，个体的自豪感常常来源于集体或者国家。段海超、蒲清平（2016）认为根据社会认同理论，个体通过对内群体的肯定与对外群体的贬损，获得个体的自尊、自豪和价值感。田野、卢东（2015）认为自豪感是积极情绪，根据积极情绪扩建理论，积极情绪能够让个体思考更多，增强认知的灵活性，也有助于个体积极主动参与活动、分享经历。俞国良、赵军燕（2009）认为自豪感可能与加强居民和游客道德规范、促进文明旅游行为实施有关，具有明确促进个体道德发展的功效。谢诗韵（2017）认为集体自豪具有相似于个体自豪的认知过程、情绪体验、表情与动作的表达，由此推断集体自豪同样具有促进个体道德发展的功效。王云强（2016）认为自豪感与亲社会行为联系紧密，能够促进具有高忠诚度水平个体的亲社会行为。洪学婷、张宏梅、张业臣（2018）认为，如果游客对景点具有强烈的集体自豪感，则会支持该地的环境保护。居民自豪感是人们出于对自己所在地区的认同，由内心深处滋生出的情感。在本书研究中，笔者认为当本地独特的旅游资源和文化能够激发居民产生对本地认同的自豪感，这种自豪感可能会促进其道德发展，使其感受到道德责任，即感受到文明旅游行为对旅游资源保护的重要性，积极分享和推荐本地旅游资源，产生对本地旅游发展的责任感等。

3. 居民自我表现

自我表现（Self Expression）是人类的一种基本需求，指个体向他人表达自己的思想、观点、情感以及偏好等信息，是个体表现自我独特个性与特点的方式。人们进行自我表现的方式有很多种，例如语言、文字、行为、选择以及艺术等。Zhao 等（2013）认为，个体进行自我表现是一种非常普遍与习惯性的行为，通过这种行为，个体得以使自己的想法或感觉有形化、具体化，达到被他人理解的目的。语言被认为是个体进行自我表现的最普遍的方式，而除了通过语言来表达自我外，个体也能通过其他途径来进行自我表现，例如利用社交媒体分享内容来向他人展示自己的偏好和品位等个人特征；也可以借助选择来表达自我，譬如选择某个品牌的产品、选择特定的服装风格等（Kim and Drolet，2003）。社会学家 Goffman（2011）首先提出自我表现的概念，自我表现指在他人面前展示自我努力的行为，从而使他人按照自己的期望看待自己。自从 Goffman（2011）提出自我表现这一名词，“自我表现”受到社会心理学家的广泛关注。Baumeister

（1982）将自我表现定义为：人们试图与别人交流一部分关于他们自己的信息的行为，目的在于建立、保持或升华他人心中关于自己的形象，即人们在各种社交情境中，面对形形色色的社交对象，为了让自己的社交结果符合心中的预期，从而采取的有利于自己的社会适应性行为。此外，也有学者从动机的角度看待自我表现。Jones（1982）等把策略性的自我表现定义为：人们受到权力增长动机影响，刻意设计出引发他人对行动者的特质进行归因的行为特点。国内学者肖崇好（2012）认为自我表现这个概念内涵丰富，包括两个阶段：第一个阶段是印象形成阶段，第二个阶段是形成不良印象后的补救阶段。Mead 和 Cooley 认为，自我呈现或印象管理（Impression Management）是指人们为了展示自我、提升自己在他人心目中的形象而自觉进行的印象控制过程。自我表现是人际交往中的一种普遍现象，可分为积极自我表现和真实自我表现。积极自我表现展现的是良好的自我形象，真实自我表现呈现的是较为客观的自我形象。Tedeschi J T 和 Schlenker B R（1971）认为，自我表现的动机主要有两种：一是发展新的情境规范或者符合社会（或社会互动情境）的期望，使个体的人际互动向有利于自己的方面顺利进行；二是获取他人对自己有利的评价。随着移动互联网的普及和社交媒体的推广，自我表现也逐渐延伸到网络交往领域。社交媒体具有信息传送迅捷、去中心化、联系方便和交互平等的特性，为用户提供了一个自我探索和自由表达的空间，极大地激发了人们的参与热情。本研究认为，在社交平台上，每一个人都可以是信息传播和发声的主体，人们可以通过更新状态、传送照片、表达观点、分享信息和宣泄情绪等方式来进行自我表现，并且对此具有最大程度的掌控权。

3.1.2 社交媒体特征的定义和维度划分

1. 公开性

社交媒体的基本属性之一就是对其他用户的公开性。Litt 和 Hargittai（2014）认为，社交媒体使得消费者将他们的社交边界从一个小圈子扩张到整个社交网络。Arrgo、Dahl 和 Manchanda（2015）认为，社交规模增大将对消费者的情感和行为产生更大的影响。Gilbert 和 Karahalios（2009）提出公开分享是指分享的内容对所有好友或粉丝甚至整个社交网络的所有用户都可见，包含大量多元化的受众。另外，私密分享是指分享的内容仅指定好友可见（例如：微博和朋友圈的分组），甚至仅自己可见。Bazarova 和 Choi（2014）提出，分享内容的社会可见度与观众的数量相关，分享旅游目的地照片的社会可见度在公开分享时比私密分享时更高。Jensen 和 Gilly（2003）对社交媒体上的分享行为的研究表明，公开分享照片涉及“自我公告”，通过这个方式消费者使自己的身份认同更加明显和形象。Latane（1981）指出，在公开分享的情境下，消费者会预期自己的分享会被更多的人看到，他人在场的唤起作用也会更加明显，因此他们此时对自我表现的预期也更高。此外，消费者表现积极自我的愿望在公开情况下比私密情况下更加强烈（Wooten and Reed，2004），因此在公开情况下自我表现的需求更强。

2. 互动性

社交媒体的另一个基本特征就是建立社会联结和互动。在分享旅游目的地照片这一现象中，消费者将照片上传到社交媒体后，会引发点赞、评论和转发等互动。唐嘉庚（2006）的研究发现，消费者与消费者、消费者与网站、消费者与供货方的良好在线互动会积极影响消费者的购买意愿。Ferguson et al.（2014），Mangold 和 faulds（2009）认为，社交媒体的常见功能如点赞、评论和转发等，降低了互动的门槛，增强了互动的便利性，使大规模的实时互动成为可能。Litt 和 Hargittai（2014）认为，当消费者给分享的旅游目的地照片加上标签（例如，# 桂林山水）时，他们和整个社交网络上的其他用户进行互动的可能性显著增强。Daugherty、Eastin 和 Bright（2008）认为，从本质上来说，社交媒体就是用来分享和与他人互动的。Kaaplan 和 Haenlein（2010）认为，互动和反馈都是社交媒体的核心要素。Litt 和 Hargittai（2014）认为，人们在社交媒体上发布的动态是自我身份的一部分，而且互动是人们社交活动的重要组成部分。Krishnamurfhy 和 Dou（2008）认为，无论是在线上还是在线下，人们都需要和他人建立联结。Daugherty、Eastin 和 Bright（2008）认为，因为消费者期待在数字世界建立社会联系，所以社交功能是用户创造内容的重要动机。Raghunathan 和 Corfinan（2006）研究表明，当收到其他人给予的正面反馈时，消费者的愉悦感会增强，而当收到他人给予的负面反馈时，消费者的愉悦感会减弱。Grubb 和 Grathwo W（1967）认为在互动的过程中，消费者有自我提升的动机。Ashford 和 Tsui（1991）对传统的线下面对面互动的研究已经证明，当收到积极的反馈时，人们会感到欣慰。Robinson（2011）认为在社交媒体上，消费者同样有被他人接受的需求，并乐意促进社交互动。Raghunathan 和 Corfinan（2006）认为积极的反馈可以满足人对归属感的需求，让人产生被他人接纳的感觉。因此社交媒体的互动性对建立社会联结、强化社会关系有积极的作用。

3. 娱乐性

娱乐性是指社交媒体通过技术设计或功能实现给予用户的一种轻松愉快的情感体验。我们可以把社交媒体的娱乐性理解为，社交媒体平台利用颜色、音频、图片、视频等来刺激人们的视觉、听觉等多种愉快的感官体验。Nicholas 等（2007）研究发现，图片信息可能比文本信息更加生动，直观化的视觉信息更可能影响消费者决策。黄京华等（2016）提出了企业微博对消费者忠诚度的影响模型，研究发现有趣的图片和视频能提高社交媒体内容的趣味性，从而提高娱乐价值，而娱乐价值显著影响消费者认同，从而影响消费者的购买意愿和推荐意愿。吴茂英等（2018）指出，社交媒体上的视觉材料作为潜在旅游者了解旅游目的地信息的重要来源，会影响旅游者对旅游目的地形象的感知、选择。王庆森（2008）认为娱乐性可以在一定程度上满足用户消遣、暂时逃避现实、享受美感和释放情绪的需求。Gefen D、Straub D W（2004）研究发现，生动有趣的信息呈现可以在一定程度上减轻消费者处理信息的负担，进而增强消费者的临场感。Novak T P、Hoffman D L 和 Yuang Y（2000）认为，社交媒体支持信息以更加富含社会线索的语音、视频等形式呈现，进而有利于消费者体验到“与他人在一起”的感觉。娱乐导向的网站被证实更容易使消费者产生沉浸体验。Hausman A V 和 Siekpe J S（2009）认为社交媒体娱乐性的设计更容易激发用户的兴趣和好奇，使用户产生沉浸体验。

3.1.3 居民感知价值的定义和维度划分

感知价值概念最早源于市场营销领域，Zeithaml（1988）将其定义为“消费者依据他所感知到的收获与付出，对产品（或服务）效用的总体评估”，是感知利益和感知成本之间的权衡。因此，感知价值强调消费者对其得到的东西（如质量、效用等）和所付出的东西（如货币成本、交易成本等）之间的权衡，是一种主观性、综合性评价。Sheth 等（1991）将消费者选择视为多重感知价值维度的函数，并提出功能价值、情感价值、认知价值、社会价值和条件价值等五个维度。Bhat 和 Reddy（1998）则根据消费者购物动机，将消费者感知价值界定为两个维度：功能价值和象征价值。这种维度划分也在 Chen 和 Hu（2010）的咖啡消费者研究中得以体现。Sweeney 和 Soutar（2001）从耐用消费品的顾客感知价值出发，开发出消费者感知价值量表，包括四个维度：质量、情感、价格和社会。Yue 等（2021）将消费者感知价值分为感知利益和感知牺牲两大维度，其中感知利益又分为功能价值、社会价值、情感价值和绿色价值等子维度。尽管不同学者对感知价值维度的划分并不统一，但多价值维度比单一“物有所值”维度能够更好地解释消费者的行为。在不同场景下，感知价值测量维度会有所不同，有待进一步发掘。在本研究中，居民感知价值主要包括以下三个方面。

1. 社会价值

社会价值是指社交媒体能够帮助人们与周围人建立良好及和谐的沟通，进而促使人们花费更多的时间和精力来关注社交媒体中发布的相关内容。具体来说：①当前越来越多的人通过社交媒体来浏览信息，了解社会现状。用户在社交媒体中看到有价值的信息时，可以十分便捷地与周围人群分享（Flint，Woodruff and Gardial，1997），而信息的分享能够帮助人们建立信任关系，进而促使用户花费更多的时间和精力来关注和分享社交媒体中的内容。②在使用社交媒体的过程中，用户能够有机会去发现和识别最新的社会消息，从多个层面对某一社会事件有全面清晰的认识（Sweeney and Soutar，2001）。相较于传统媒体来说，用户很容易在社交媒体中找到最新的事件进展信息，进而在与周围人群进行分享讨论时，可以全面展示自己的知识储备以及对某一社会事件独到的见解（邓举青，2021），从而在周围群体中获得一定的声誉与地位，彰显个人对社会的关注和责任感，这也促使用户有更强的动机和意愿去花费更多的精力和时间来使用社交媒体。社交媒体是网民用来管理其社交关系的工具和媒介，在社交媒体中，用户可以讨论、创造内容，以及传播、交换信息。社交媒体的关键价值之一是使人们的社交关系变得可视化和工具化，使人际信息的传递数字化、实时化和可追溯化。社交媒体正在改变人们分享新闻、分享意见和分享个人事件的方式，已经成为当今消费者的首选沟通方式之一。社交媒体已经成为最强大的营销工具之一。通过社交媒体，用户可以了解到自己想要了解的信息，也可以传达自己想传达的信息。

2. 情感价值

情感价值是指一种自我认同感，使用户能够理智地看待并且接受自己以及外界。用户在使用社交媒体的过程中，会对在社交媒体中发布的相关信息在情感上有所感触，产生心灵上的共鸣，进而更加积极主动地关注社交媒体中发布的相关内容。李伟卿、池毛毛和王伟军（2021）认为新媒体上发布的内容可以使用户产生共鸣，使用户的某些情感得到寄托。Phillips 和 Baumgartner（2002）认为，这种相似情感的表达能够促使用户通过社交媒体来了解发布者的内心想法，也为用户通过社交媒体倾诉自己的内心情感找到了支持和依据，这是一种可以倾诉和表达自己内心情感的有效方式。用户在社交媒体中还可以得到其他用户的支持和认同，使得自己的情感得到其他群体或个人的认可，进而使用户花费更多的时间和精力在新媒体上。Lemerise 和 Arsenio（2000）认为，当用户在现实世界中遭受打击和挫折后，其在新媒体平台上分享自己的亲身经历，可能会引起新媒体平台上其他群体或个人的同情，从而获得来自其他人的鼓励和帮助。陈义涛和林丽敏（2020）认为，与现实世界不同的是，在新媒体上进行分享很容易，且新媒体上用户群体众多，用户能够在同一时间获得不同用户群体的情感支持，从而有效解决用户在现实世界中遇到的情感问题。

3. 共同体价值

共同体一词最早可追溯到古希腊时期，古希腊语Koinonia即有“联合作用”之意。亚里士多德的《尼各马可伦理学》《政治学》等著作中就有关于“共同体”的表述，意指具有共同目标和价值追求的个体聚集起来的社会关系。J. 希利斯·米勒（1928—2021）认为共同体的本质在于“共同身份和特征感”和“直接关系的主体”，强调共同体的情感方面和能力。米勒认为，每个人拥有相应的身份并受周围文化环境的影响。处于共同体的人并不是无所事事、自由自在的，而是要与一个相对固定的社会职位联系在一起，只有在这个职位中，主体的主体性地位才能得以确认，同时意味着主体将以某种身份与其他主体进行交往。1887年，德国社会学家滕尼斯在《共同体与社会》一书中为“共同体”注入了最为广泛且基本稳定的概念内涵。滕尼斯提出“社会”和“共同体”两项对立的核心概念，并认为“社会”是理性思考的结果，个体根据自身利益进行审慎的思考后选择有利于目的实现的群体，因此“社会”强调利益，各成员之间本质上存在着松散的距离；而与之相对的“共同体”则与个人自身的认知、价值观念、生活方式、精神取向联系密切，内部成员“自然而然”地汇聚起来。这种“共同体”十分强调情感和共识，各成员之间联系紧密、热爱交流、互相帮助等特征十分明显。汤景泰、陈秋怡和徐铭亮（2021）认为社交媒体为“跨地域”“跨群体”“跨文化”的情感传播创造了可能。借助互联网技术，文化所承载的情感更加易于流露。智能终端所连接的每一位用户都能参与到地方特色文化传播的实践之中，形成广泛而又祥和的家乡文化传播盛况。这种线上交流的方式，让身处各地的共同体成员在线上实现了重聚。

3.1.4　居民参与意愿的定义和维度划分

在旅游目的地建设和发展过程中，只有居民直接参与建设和目的地形象传播，才能培育居民的归属感、认同感和共同体意识，才能有效地整合旅游目的地自身的各种资源。在很大程度上，居民的参与程度成为旅游目的地建设和形象传播成功与否的重要标志。

1. 分享意愿

社会化媒体中，用户一方面可以成为消息发布源，另一方面可以自行选择关注的信息发布源，因此用户的主动传播行为对内容传播起到至关重要的作用。计划行为理论（Theory of Planned Behavior，TPB）认为行为意愿是影响行为的最直接的因素。本书中，内容分享意愿是指社会化媒体的用户通过社会化媒体网站或移动应用，发布或转发自己对于桂林旅游相关内容意愿的强烈程度。内容分享意愿的高低能够直接影响社会化媒体用户的内容分享行为。

2. 推荐意愿

观光者的旅游推荐是推动其他人旅游的重要因素之一。随着推荐的人越来越多，旅游的人也会越来越多。旅游推荐的本质与产品或服务推荐的本质是一样的。Anderso（1971）认为产品或服务给消费者带来的满意度水平是影响消费者推荐意愿的最大因素。但是在面对不同的产品类型和不同需求的消费者时，即使同样的满意度也会使消费者产生不同的口碑推荐意愿。除此之外，产品或服务质量是否符合消费者的预期、消费者购物时的情绪状态以及员工对待消费者的态度都会影响消费者的口碑意愿。Mahon（1997）在研究中指出，口碑推荐一方面通过吸引新顾客和增强老顾客的忠诚度来增加企业收入，另一方面可以起到宣传的作用，并且这种宣传比广告更加容易让人产生信任，从而在某种程度上降低企业的宣传成本。Dichter（2001）还发现，消费者选购产品时，正面的产品口碑能够增强消费者的购买意愿，减少消费者的购买风险，帮助企业建立良好的品牌形象。

3.2　研究模型与假设设计

3.2.1　研究模型

本书以居民内在特征、社交媒体特征为自变量，居民感知价值为中介变量，居民参与意愿为因变量，最终的研究模型如图 3-1 所示。

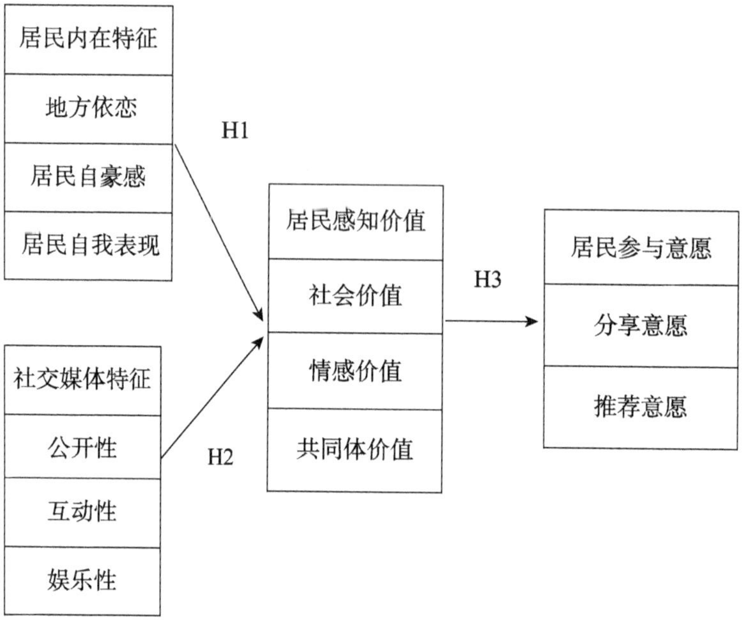

图 3-1　研究模型

3.2.2　提出假设

1. 居民内在特征对居民感知价值的影响

通过对大量文献的查阅，可以得出居民本身的不同特征对研究有一定的影响。地方依恋的研究始于 20 世纪 80 年代，结合了心理学领域的依恋理论和地理学领域的地方理论，强调人与地方相互作用产生的情感联结关系，是地理学人地关系研究的独特视角和重要内容，也是文化地理学和环境心理学的核心概念之一。居民自豪感体现了居民对本地的喜爱度、热爱度，居民越热爱本地，越有可能在社交媒体上对本地进行宣传。居民是否喜欢通过社交媒体表达自己的感受也会影响居民的感知价值，因此本书选择地方依恋、居民自豪感、居民自我表现三个维度，并提出以下假设：

H1：居民内在特征对居民感知价值有显著正向影响；

H1-1：地方依恋对居民社会价值有显著正向影响；

H1-2：居民自豪感对居民社会价值有显著正向影响；

H1-3：居民自我表现对居民社会价值有显著正向影响；

H1-4：地方依恋对居民情感价值有显著正向影响；

H1-5：居民自豪感对居民情感价值有显著正向影响；

H1-6：居民自我表现对居民情感价值有显著正向影响；

H1-7：地方依恋对居民共同体价值有显著正向影响；

H1-8：居民自豪感对居民共同体价值有显著正向影响；

H1-9：居民自我表现对居民共同体价值有显著正向影响。

2. 社交媒体特征对居民感知价值的影响

社交媒体时代信息的传递是双向的，用户可以是内容的接收者也可以是内容是制造者，承载企业品牌的广告推送到用户面前时用户喜欢就可以点赞、转发并评论，用户如果不感兴趣就可以忽略它。传统媒体时代信息的传播是单向的，用户只能是信息的接收者，企业品牌广告被媒体强制推到用户的前面，用户只能被动地接受。之所以社交媒体深受品牌广告主的喜爱，就是因为社交媒体的互动性和公开性，给了更多的企业营销自己、传播自己的机会，并且在广告投放和内容营销方面，可以根据不同用户的画像制作不同的广告内容，从而深度影响用户。社交媒体的公开性、互动性和娱乐性，给了不同类别产品营销的机会。因此本书从公开性、互动性、娱乐性三个维度探究社交媒体特性对居民感知价值的影响，并提出以下假设：

H2：社交媒体特性对居民感知价值有显著的正向影响；

H2-1：社交媒体的公开性对居民社会价值有显著正向影响；

H2-2：社交媒体的互动性对居民社会价值有显著正向影响；

H2-3：社交媒体的娱乐性对居民社会价值有显著正向影响；

H2-4：社交媒体的公开性对居民情感价值有显著正向影响；

H2-5：社交媒体的互动性对居民情感价值有显著正向影响；

H2-6：社交媒体的娱乐性对居民情感价值有显著正向影响；

H2-7：社交媒体的公开性对居民共同体价值有显著正向影响；

H2-8：社交媒体的互动性对居民共同体价值有显著正向影响；

H2-9：社交媒体的娱乐性对居民共同体价值有显著正向影响。

3. 居民感知价值对居民参与意愿的影响

不同学者基于研究领域和目的的不同，对于感知价值的选择维度往往存在区别，不过学者普遍认为，感知价值对于个体的行为意图存在显著影响，如Zeithaml（1988）研究了消费者感知价值对于其购买意愿的正向影响。在本书的研究主题下，居民感知价值主要侧重于居民对社交媒体的价值感知。本书认为，调查对象认为社交媒体的各种感知价值越高，其对于运用社交媒体参与（在本书中，主要是分享与推荐）旅游目的地形象传播的意愿会越强。因此，本书提出以下假设：

H3：居民感知价值对居民参与意愿有显著正向影响；

H3-1：社会价值对居民分享意愿有显著正向影响；

H3-2：社会价值对居民推荐意愿有显著正向影响；

H3-3：情感价值对居民分享意愿有显著正向影响；

H3-4：情感价值对居民推荐意愿有显著正向影响；

H3-5：共同体价值对居民分享意愿有显著正向影响；

H3-6：共同体价值对居民推荐意愿有显著正向影响。

3.3　量表和问卷设计

本研究采用问卷调查的方法来收集研究数据。根据前文确定的变量和提出的研究假设设计量表，最终形成一份完整的问卷。

问卷首先向被调查者说明调查目的，介绍研究主题，强调对被调查者隐私的保护并表示感谢，以解除被调查者的后顾之忧并如实填写问卷。然后对被调查者的个人基本信息进行统计，包括性别、年龄、受教育程度、职业、收入水平、SNS 使用频率等信息，了解被调查者的特征。同时，设置筛选问题，保证被调查者有效填写问卷。为了保证测量的有效性，每个变量至少设计 3 个条目，使用李克特量表来测量被调查者的态度：1 表示“非常不同意”，5 表示“非常同意”，1~5 的同意程度依次递增。为了保证问卷的可靠性，本研究在设计问题时，借鉴了以往学者研究中较为成熟的量表。

在设计问卷之前，对当地居民进行访谈，访谈提纲见附录1。

3.3.1 量表条目

本研究在参考以往学者研究量表的基础上，设计了测量本研究SNS背景下旅游目的地居民特征和居民参与意愿的关系及居民感知价值中介效应的各个问题，各个变量的测量问题如表3-1所示。

表3-1 变量题目

一级维度	二级维度	编 号	具体题目	文献来源
居民内在特征	地方依恋	PA1	我很喜欢桂林	吴丽敏（2015），朱江（2018）
		PA2	如果条件许可，我希望长期居住在桂林	
		PA3	我觉得我的生活离不开桂林	
		PA4	出门在外，我经常想起桂林	
		PA5	我对桂林有较强的认同感	
		PA6	桂林的环境适合生活居住	
		PA7	我十分依恋桂林	
	居民自豪感	SP1	物质生活得到比较好的保障	
		SP2	遇到困难能够得到及时的帮助	
		SP3	生活中能够得到他人的尊重	
		SP4	我对目前的生活感到幸福	
		SP5	我为生活在桂林感到骄傲和自豪	

续　表

一级维度	二级维度	编　号	具体题目	文献来源
居民内在特征	居民自我表现	SE1	我使用社交媒体是为了方便自由地表达自己	吴丽敏（2015），朱江（2018）
		SE2	通过社交媒体可以记录生活片段、成长点滴	
		SE3	社交媒体可以帮我树立一个更理想的形象	
社交媒体特征	公开性	OP1	社交媒体用户规模庞大	朱江（2018），赵露红（2020）
		OP2	社交媒体传播的信息已成为人们浏览互联网的重要内容	
		OP3	社交媒体信息传播及时且广泛	
	互动性	IN1	在社交媒体平台，我可以和朋友分享信息和新想法	
		IN2	通过浏览别人在社交媒体中分享的信息丰富了我的知识	
		IN3	我会经常在社交媒体中为他人点赞和评论	
	娱乐性	EN1	我在社交媒体中分享信息、图片和视频时感到很快乐	
		EN2	我觉得社交媒体中的信息很有趣	
		EN3	在我无聊的时候，社交媒体可以帮我打发时间	
居民感知价值	社会价值	SV1	社交媒体可以方便游客了解桂林	胡抚生（2009），赵露红（2020），李如友（2018），张灿（2021）
		SV2	社交媒体中的正面信息可以帮助桂林树立良好的旅游目的地形象	
		SV3	在社交媒体中可以找到我所需要的信息	
		SV4	社交媒体让旅游产品信息更加透明	

续 表

一级维度	二级维度	编 号	具体题目	文献来源
居民感知价值	情感价值	EV1	社交媒体可以让我得到一些情感上的支持	胡抚生（2009），赵露红（2020），李如友（2018），张灿（2021）
		EV2	社交媒体可以让我得到身份上的认同	
		EV3	通过社交媒体，我可以和网络上的其他成员建立联系	
居民感知价值	共同体价值	CV1	在社交媒体中有我在桂林的生活圈子	胡抚生（2009），赵露红（2020），李如友（2018），张灿（2021）
		CV2	我认为我是桂林生活圈的一分子	
		CV3	我认为我和桂林是紧密相连的	
		CV4	社交媒体让我与桂林的关系更紧密了	
居民参与意愿	分享意愿	SI1	我愿意在社交媒体上分享桂林的旅游资源	胡抚生（2009），张灿（2021）
		SI2	我愿意把我在本地的当下经历和体验通过社交媒体分享给大家	
		SI3	在社交媒体中分享本地的经历和体验，以及互动，我感到愉快	
		SI4	我认为由于我在社交媒体中分享本地经历和体验，桂林可以得到社会更多的关注	

续　表

一级维度	二级维度	编　号	具体题目	文献来源
居民参与意愿	推荐意愿	RI1	我愿意通过社交媒体向朋友和社会人士推荐桂林	胡抚生（2009），张灿（2021）
		RI2	当其他人希望我提供桂林旅游建议时，我愿意将桂林的旅游资源推荐给他	
		RI3	我在社交媒体中分享本地旅游体验时，愿意同时进行旅游地的推荐	
		RI4	我认为我在社交媒体中推荐本地的旅游资源可以吸引游客，为桂林旅游业的发展做出贡献	

3.3.2　问卷设计

基于前文的研究假设和变量测量题项以及本书 SNS 背景的主题特性，本研究的调查问卷主要由 2 个部分组成。第 1 部分为样本基本信息，即人口统计学变量，主要包括调查对象的居住年限、居民性质，询问调查对象的性别、年龄、受教育程度、职业、经济收入、社交媒体使用频率、最常用的社交媒体等 9 个题项，主要目的是了解调查对象的群体特征和现状。

第 2 部分为居民在 SNS 背景下参与旅游目的地形象传播的实际情况。“居民内在特征”的相关测量条目包括地方依恋、居民自豪感、居民自我表现等3个变量、15个测量题目，主要目的在于获取本研究模型所需要的居民内在特征数据。“社交媒体特征”的相关测量条目包括公开性、互动性、娱乐性等3个变量、9个测量题目，主要目的在于获取本研究模型所需要的社交媒体特征数据。“居民感知价值”相关测量条目包括社会价值、情感价值、共同体价值等3个变量、11个测量题目，主要目的在于获取本研究模型所需要的居民对于社交媒体感知价值的相关数据。“居民参与意愿”相关测量条目包括推荐意愿、分享意愿等2个变量、8个测量题目主要目的在于获取本研究模型所需要的居民运用社交媒体宣传旅游目的地形象的参与意愿的相关数据。本研究问卷第2部分测量变量条目均采用李克特5级量表的计分方法，具体问卷见附录2。

3.4 数据收集与研究方法

本调查于2022年3月7日—3月13日进行。首先针对身边的同事朋友进行小样本的预调研收集，并对收集到的 107 份预调研数据进行信效度检验。根据预调研信效度检验结果，本研究所涉及调查对象在预调研结果分析中均具有较好的信效度结果，无须删除题目，最终量表正式问卷设计依然保持 11 个变量、43 个测量题目。在确立正式问卷后，本研究于 2022 年 3 月 25 日—4 月 25 日进行正式问卷数据的发放与回收。本问卷通过“问卷星”网站在线设计，通过微信、QQ 等平台进行在线发布。为了保障样本的合理性，部分问卷在线下发放。在选择发行组时，笔者将问卷链接分享给不同年龄段、不同职业的朋友和同事，再由朋友和同事在自己的朋友圈中分享，同时尽量注意对使用社交媒体的本地居民群体的覆盖。

最终回收问卷 630 份。为了保证分析数据的有效性，笔者采取以下措施对无效问卷进行了剔除：所有回答项目相同（不包括第一部分：个人基本信息），填写时间小于 60 秒，有明显逻辑问题，不是本地居民。根据以上四项标准剔除无效问卷后，共获得 586 份有效问卷，有效回收率约为 93.02%。

本书以 SPSS 25.0 和 AMOS 23.0 为数据分析工具，在分析方法方面，采用描述性统计分析，以了解本研究所设计的变量均值结果。采用 Cronbach α 系数和探索性因子分析，以检验预调研和正式问卷的可信度和有效性。在正式问卷的检验中，加入验证性因子分析，以检验问卷的收敛效度。采用相关性分析查看本研究的居民内在特征各维度、社交媒体特征各维度、居民感知价值各维度、居民参与意愿各维度等变量的两两关系。采用结构方程模型检验本研究的主效应假设。采用分层回归以验证本研究所提出的中介效应假设。所有数理统计结果均以 $p<0.05$ 作为具有统计学意义的判断标准。本研究所采用的主要分析方法整理如表 3-2 所示。

表 3-2　分析方法

分析方法	内　容
描述性统计	描述性统计是指运用制表和分类、图形及计算概括性数据来描述数据特征的各项活动。描述性统计分析要对调查总体所有变量的有关数据进行统计性描述，主要包括数据的频数分析、集中趋势分析、离散程度分析及一些基本的图形统计
信度检验	信度分析用来评价问卷可靠性和稳定性，可以用来检测量表对同一事物进行测量后所得结果的内部一致性。本研究采用克朗巴赫系数作为检验本研究问卷信度的合理性指标

续　表

分析方法	内　容
因子分析	因子分析是一种通过显在变量和具体指标评测抽象因子的分析方法。因子分析的基本目的是用少数几个因子去描述多个变量之间的关系，被描述的变量一般都是能够实际观测到的随机变量，而那些因子是不可观测的潜在变量。因子分析的基本思想是根据变量之间的相关性大小对变量进行分组，使得同组内的变量相关性较高，不同组内的变量相关性较低，每一组的变量构成一个公共因子。因子分析可以分为两类：一类为探索性因子分析（EFA），另一类是验证性因子分析（CFA）
相关分析	采用 Pearson 相关性分析来观察本书问卷所设计的变量之间线性相关程度的显著性和方向。相关系数 R 的值介于 -1 到 1 之间，它的绝对值大小反映了两变量之间的线性相关的密切程度，如果 R 的绝对值越接近于 1，说明密切程度越高；如果 R 的绝对值越接近于 0，说明密切程度越低
结构方程模型	结构方程模型（Structural Equation Modeling，SEM）是一种重要的多变量分析工具，该模型是基于特征变量的协方差矩阵，用于分析特征与特征之间的关系
回归分析	线性回归分析是研究变量之间关系的一种分析方法，通过回归方程表达变量与变量在数量上的依存关系，即一个变量如何随另一个变量的变化而变化

第4章　结果和分析

4.1 样本基本信息

本研究通过问卷调查网站“问卷星”进行在线中文问卷调查，调查问卷通过朋友和同事分享，主要以桂林地区居民为调查对象收集问卷数据。共计发放问卷630份，在剔除了缺填、漏填、错填的相关样本后，最终保留有效样本586份，有效率约为93.02%，由此形成最终数据。有效样本的基本信息特征如表4-1所示。

表4-1 有效样本基本信息的频数分析结果

名 称	选 项	频 数	百分比（%）
性 别	男性	311	53.07
	女性	275	46.93
年 龄	18岁以下	55	9.39
	18~30岁	146	24.91
	31~45岁	209	35.67
	46~60岁	139	23.72
	60岁以上	37	6.31
受教育程度	高中及以下	93	15.87
	大 专	142	24.23
	本 科	313	53.41
	研究生及以上	38	6.49

续　表

名　称	选　项	频　数	百分比（%）
职　业	政府公务员	121	20.65
	专业技术人员	73	12.46
	企业、公司职员	166	28.33
	自由职业者	28	4.78
	退休人员	7	1.19
	个体经营者	27	4.60
	学　生	152	25.94
	其　他	12	2.05
经济收入	3000 元及以下	163	27.82
	3001~5000 元	143	24.4
	5001~10000 元	223	38.05
	10001 元及以上	57	9.73
居民性质	本地居民	404	68.94
	外来居民	182	31.06
居住年限	5 年及以下	53	9.04
	6~10 年	82	13.99
	11~15 年	84	14.34
	16~20 年	222	37.88
	21 年及以上	145	24.75
社交媒体使用频率	从　不	41	6.99
	偶　尔	77	13.14
	经　常	228	38.91
	每　天	240	40.96
最常用的社交媒体	微　信	231	39.42
	微　博	85	14.50
	QQ	124	21.16
	小红书	54	9.22
	抖　音	71	12.12
	其　他	21	3.58

从表4-1可知，在性别方面，男性样本比例为53.07%，女性样本比例为46.93%；在年龄分布上，大部分样本为“31~45岁”，比例是35.67%；在受教育程度分布上，大部分样本为“本科”，比例是53.41%；在职业分布上，大部分样本为“企业、公司职员”，比例是28.33%，其次是“学生”，样本的比例是25.94%；从经济收入分布来看，样本大部分为“5001~10000元”，共有223个，占比为38.05%；从居住性质来看，“本地居民”的比例为68.94%，“外来居民”的比例是31.06%；从居住年限来看，样本中选择“16~20年”的比例为37.88%；从社交媒体使用频率来看，样本中选择“每天”的相对较多，比例为40.96%，其次是“经常”，比例是38.91%；从最常用的社交媒体分布来看，样本大部分选择“微信”，共有231个，占比为39.42%。

4.2 变量的描述性分析

由表4-2可知，首先从最小值、最大值、均值和标准差的分析数值来看，各变量的均值介于3.19到

3.48 之间，其中均值最小的变量是“居民自我表现”，均值最大的变量为“互动性”，可见调查对象对各变量均有不同的理解，且分布广泛。

表 4-2　变量的描述性统计

便利	N	最小值	最大值	均值	标准差	偏度	峰度
地方依恋	586	1.00	5.00	3.24	1.07	0.009	−1.153
居民自豪感	586	1.00	5.00	3.30	1.05	−0.177	−1.084
居民自我表现	586	1.00	5.00	3.19	1.20	−0.059	−1.304
公开性	586	1.00	5.00	3.31	1.10	−0.183	−1.078
互动性	586	1.00	5.00	3.48	1.17	−0.435	−1.095
娱乐性	586	1.00	5.00	3.25	1.21	−0.172	−1.251
社会价值	586	1.00	5.00	3.22	1.13	−0.019	−1.263
情感价值	586	1.00	5.00	3.39	1.15	−0.225	−1.229
共同体价值	586	1.00	5.00	3.21	1.07	−0.047	−0.954
分享意愿	586	1.00	5.00	3.31	1.15	−0.170	−1.271
推荐意愿	586	1.00	5.00	3.39	1.15	−0.294	−1.242
居民内在特征	586	1.50	5.00	3.25	0.85	0.321	−0.874
社交媒体特征	586	1.22	5.00	3.35	0.87	0.000	−0.991

续 表

便利	N	最小值	最大值	均值	标准差	偏度	峰度
居民感知价值	586	1.36	5.00	3.27	0.88	0.172	–1.021
居民参与意愿	586	1.25	5.00	3.35	1.02	–0.099	–1.344

Kline（2004）认为数据的偏度和峰度的绝对值分别小于 3 和 10，则表示数据在一定程度上符合规律。由表 4-2 的结果可知，各项偏度绝对值均小于 3，峰度绝对值均小于 10，表明每个题目都符合条件，调查问卷的数据均可直接用于之后的统计分析。

4.3 信度和效度分析

4.3.1 信度检验

克朗巴赫系数（Cronbach Alpha）是检验问卷信度的合理性指标，在实证数据分析中得到广泛使用。一般来说，问卷所设计的量表的 Cronbach Alpha 系数值低于 0.7，说明该量表变量内部一致性较差，需要重新编制。量表的 Cronbach Alpha 系数值高于 0.7，意味着对于该量表而言，所建构的多个变量的内部一致性较好。进一步来说，如果量表的 Cronbach Alpha 系数值可以高于 0.9，则说明该量表变量内部一致性极好，测量信度非常高。

此外，本研究采用校正项总计相关性（Corrected Item-Total Correlation，CITC）来衡量单个问题项的可靠性。在研究中当同时符合以下两个条件时，应该删除相应的问题项：（1）某个问题项的总体相关系数 CITC 小于 0.4；（2）某问题项删除后的量表 Cronbach Alpha 系数值大于对应维度的 Cronbach Alpha 系数值。

对问卷的结果进行信度分析，结果如表 4-3 所示。

表 4-3　居民特征的信度检验结果

变　量	名　称	CITC	项已删除的 Cronbach α 系数	Cronbach α 系数
地方依恋	PA1	0.749	0.912	0.923
	PA2	0.754	0.912	
	PA3	0.779	0.909	
	PA4	0.796	0.908	
	PA5	0.741	0.913	
	PA6	0.746	0.913	
	PA7	0.748	0.912	

续 表

变 量	名 称	CITC	项已删除的 Cronbach α 系数	Cronbach α 系数
居民自豪感	SP1	0.754	0.869	0.895
	SP2	0.753	0.870	
	SP3	0.724	0.876	
	SP4	0.723	0.876	
	SP5	0.756	0.869	
居民自我表现	SE1	0.778	0.808	0.875
	SE2	0.768	0.817	
	SE3	0.737	0.843	
公开性	OP1	0.66	0.781	0.826
	OP2	0.658	0.783	
	OP3	0.736	0.705	
互动性	IN1	0.697	0.831	0.857
	IN2	0.752	0.780	
	IN3	0.744	0.787	
娱乐性	EN1	0.784	0.77	0.865
	EN2	0.72	0.830	
	EN3	0.726	0.824	
社会价值	SV1	0.754	0.851	0.885
	SV2	0.725	0.862	
	SV3	0.795	0.836	
	SV4	0.731	0.860	
情感价值	EV1	0.744	0.814	0.866
	EV2	0.74	0.817	
	EV3	0.753	0.805	
共同体价值	CV1	0.752	0.843	0.880
	CV2	0.697	0.863	
	CV3	0.745	0.846	
	CV4	0.777	0.833	
分享意愿	SI1	0.833	0.866	0.907
	SI2	0.766	0.889	
	SI3	0.79	0.880	
	SI4	0.781	0.883	
推荐意愿	RI1	0.773	0.888	0.908
	RI2	0.842	0.864	
	RI3	0.778	0.887	
	RI4	0.784	0.885	

从表4-3中的结果可以看出，地方依恋变量对应的Cronbach α系数值为0.923，居民自豪感变量对应的Cronbach α系数值为0.895，居民自我表现变量对应的Cronbach α系数值为0.875，公开性变量对应的Cronbach α系数值为0.826，互动性变量对应的Cronbach α系数值为0.857，娱乐性变量对应的Cronbach α系数值为0.865，社会价值变量对应的Cronbach α系数值为0.885，情感价值变量对应的Cronbach α系数值为0.866，共同体价值变量对应的Cronbach α系数值为0.880，分享意愿变量对应的Cronbach α系数值为0.907，推荐意愿变量对应的Cronbach α系数值为0.908，各个变量的Cronbach α系数值均在0.7以上，表明本书各变量内部一致性较好。同时，各题项的CITC值和已删除项的Cronbach α系数值均符合研究要求，本研究的问卷信度结果较理想。

4.3.2　探索性因子分析

在本研究中，首先采用探索性因子分析来检验问卷数据的结构效度。在进行因子分析前，首先需要采用KMO检验和Bartlett球形检验来确定本研究所设计的相关变量指标是否满足进行因子分析的条件。Kaiser（1975）的度量标准认为，一般来说，当KMO值大于0.7时，则可以认为满足进行因子分析的条件。

其次，采用主成分分析法，对原有指标提取公因子。一般认为，所有特征值大于1的公因子的累计方差解释率大于60%，则可以认为问卷数据具有较好的结构效度。

最后，采用最大方差转轴法进行正交旋转，得到包含各题项因子载荷值的旋转成分矩阵以辨认和命名共同因子。如果旋转成分矩阵中某个题项在对应的公因子上的因子载荷大于0.5，并且没有任何一个题项在两个及以上的公因子载荷都大于0.4时，是最为理想的情况。相反，则需要考虑删除相应的题项。

对问卷数据进行探索性因子分析，结果如表4-4所示。

表 4-4　居民特征的探索性因子分析结果

变量	题项	因子 1	因子 2	因子 3	因子 4	因子 5	因子 6	因子 7	因子 8	因子 9	因子 10	因子 11
地方依恋	PA1	0.759	0.138	0.148	0.063	0.073	0.088	0.143	0.040	0.110	0.056	0.094
	PA2	0.765	0.149	0.078	0.142	0.117	0.062	0.066	0.074	0.058	0.127	0.075
	PA3	0.790	0.131	0.100	0.049	0.110	0.093	0.166	0.050	0.054	0.123	0.028
	PA4	0.839	0.094	0.103	0.093	0.041	0.069	0.029	0.043	0.093	0.065	0.048
	PA5	0.748	0.166	0.086	0.132	0.152	0.108	0.047	0.065	0.045	0.083	0.070
	PA6	0.739	0.142	0.159	0.104	0.136	0.180	0.085	0.059	0.071	0.045	0.050
	PA7	0.761	0.121	0.048	0.081	0.126	0.135	0.039	0.091	0.118	0.085	0.113
居民自豪感	SP1	0.160	0.764	0.084	0.117	0.119	0.163	0.122	0.115	0.076	0.054	0.116
	SP2	0.158	0.829	0.109	0.063	0.092	0.077	0.020	0.038	0.047	0.067	0.031
	SP3	0.138	0.766	0.080	0.127	0.141	0.091	0.084	0.102	0.069	0.108	0.043
	SP4	0.224	0.726	0.102	0.162	0.086	0.081	0.076	0.091	0.108	0.113	0.128
	SP5	0.190	0.766	0.075	0.158	0.106	0.093	0.166	0.077	0.097	0.070	0.071
居民自我表现	SE1	0.112	0.115	0.113	0.098	0.089	0.133	0.854	0.037	0.071	0.077	0.110
	SE2	0.147	0.126	0.088	0.101	0.136	0.125	0.827	0.037	0.103	0.109	0.081
	SE3	0.186	0.152	0.083	0.121	0.137	0.113	0.799	0.096	0.049	0.106	0.062

续 表

变量	题项	因子 1	因子 2	因子 3	因子 4	因子 5	因子 6	因子 7	因子 8	因子 9	因子 10	因子 11
公开性	OP1	0.131	0.096	0.228	0.174	0.131	0.201	0.096	0.039	0.108	0.075	0.721
	OP2	0.149	0.151	0.136	0.143	0.212	0.112	0.125	0.111	0.061	0.081	0.733
	OP3	0.113	0.104	0.168	0.108	0.126	0.153	0.063	0.123	0.075	0.070	0.828
互动性	IN1	0.131	0.119	0.092	0.141	0.106	0.105	0.065	0.781	0.147	0.130	0.083
	IN2	0.109	0.079	0.137	0.153	0.144	0.117	0.097	0.815	0.128	0.078	0.108
	IN3	0.073	0.160	0.145	0.077	0.116	0.095	0.010	0.841	0.076	0.088	0.065
娱乐性	EN1	0.102	0.083	0.108	0.150	0.121	0.130	0.085	0.138	0.852	0.076	0.035
	EN2	0.188	0.128	0.103	0.161	0.136	0.085	0.047	0.127	0.771	0.137	0.108
	EN3	0.159	0.138	0.099	0.115	0.136	0.105	0.097	0.095	0.801	0.095	0.089
社会价值	SV1	0.138	0.174	0.088	0.770	0.076	0.131	0.135	0.136	0.138	0.113	0.096
	SV2	0.126	0.142	0.177	0.752	0.122	0.101	0.083	0.090	0.114	0.133	0.105
	SV3	0.148	0.160	0.099	0.827	0.116	0.115	0.085	0.059	0.078	0.119	0.090
	SV4	0.165	0.129	0.084	0.763	0.107	0.108	0.062	0.131	0.133	0.104	0.137

续 表

变量	题项	因子1	因子2	因子3	因子4	因子5	因子6	因子7	因子8	因子9	因子10	因子11
情感价值	EV1	0.187	0.169	0.159	0.126	0.202	0.081	0.099	0.134	0.138	0.762	0.072
	EV2	0.205	0.103	0.125	0.201	0.147	0.118	0.091	0.138	0.087	0.776	0.075
	EV3	0.127	0.124	0.113	0.143	0.127	0.098	0.131	0.066	0.104	0.828	0.081
共同体价值	CV1	0.158	0.132	0.103	0.113	0.784	0.137	0.084	0.105	0.122	0.117	0.093
	CV2	0.161	0.149	0.031	0.114	0.731	0.167	0.100	0.116	0.071	0.112	0.146
	CV3	0.190	0.125	0.137	0.140	0.764	0.093	0.125	0.083	0.108	0.114	0.111
	CV4	0.159	0.132	0.120	0.062	0.798	0.107	0.101	0.111	0.130	0.130	0.126
分享意愿	SI1	0.192	0.142	0.205	0.100	0.108	0.809	0.112	0.136	0.118	0.066	0.117
	SI2	0.178	0.172	0.260	0.135	0.154	0.718	0.112	0.120	0.091	0.047	0.155
	SI3	0.183	0.133	0.224	0.140	0.170	0.748	0.140	0.060	0.086	0.111	0.168
	SI4	0.177	0.116	0.182	0.146	0.143	0.777	0.120	0.093	0.106	0.122	0.106
推荐意愿	RI1	0.198	0.067	0.766	0.092	0.109	0.233	0.091	0.119	0.142	0.073	0.123
	RI2	0.142	0.150	0.842	0.125	0.070	0.156	0.069	0.095	0.071	0.115	0.162
	RI3	0.163	0.139	0.753	0.112	0.099	0.211	0.101	0.151	0.084	0.130	0.143
	RI4	0.173	0.108	0.781	0.142	0.133	0.197	0.084	0.090	0.070	0.108	0.132

续 表

变量	题项	因子 1	因子 2	因子 3	因子 4	因子 5	因子 6	因子 7	因子 8	因子 9	因子 10	因子 11
方差解释率	特征根值	5.095	3.64	3.151	3.038	2.994	2.98	2.436	2.365	2.346	2.262	2.164
	方差解释率	11.85%	8.47%	7.33%	7.07%	6.96%	6.93%	5.66%	5.50%	5.46%	5.26%	5.03%
	累积方差解释率	11.85%	20.31%	27.64%	34.71%	41.67%	48.60%	54.26%	59.76%	65.22%	70.48%	75.51%
KMO值与Bartlett球形值	KMO 值	0.942										
	Bartlett球形值	16597.363										
	df	903										
	p 值	0.000										

表 4-4 中的结果显示，本书相关变量问卷数据的 KMO 值为 0.942，大于 0.7，可以认为本书的研究数据满足进行因子分析的条件。

另外，本研究量表中 11 个因子的累积方差解释率为 75.51%，大于 60%，意味着本书变量研究项的信息量可以有效提取出来。结合因子载荷系数可以看到，旋转后的因子载荷系数矩阵所得到因子维度与研究设计所划分的居民内在特征预期对应题项相符合，并且对应的因子载荷系数绝对值大于 0.5。因此，本书问卷具有较好的结构效度。

4.3.3　验证性因子分析

采用 AMOS 23.0 软件对本书所涉及的居民内在特征量表、社交媒体特征量表、居民感知价值量表与居民参与意愿量表的变量题目进行验证性因子分析（Confirmatory Factor Analysis，CFA），用组合信度（Composite Reliability，CR）和平均方差抽取量（Average Variance Extracted，AVE）判断各变量维度的收敛效度。

首先查看量表验证性因子分析的模型拟合情况。将问卷收集到的数据导入 AMOS 23.0 软件，应用极大似然法得到的模型拟合参数如图 4-1 所示。

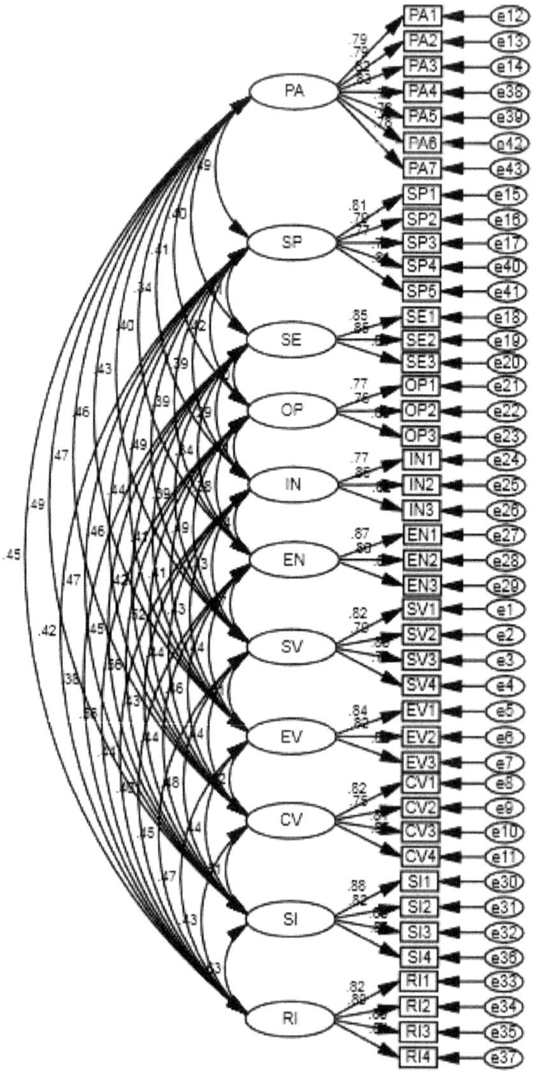

图 4-1　验证性因子分析模型图

图 4-1 中，PA 表示“地方依恋”，SP 表示“居民自豪感”，SE 表示“居民自我表现”，OP 表示“公开性”，IN 表示“互动性”，EN 表示“娱乐性”，SV 表示“社会价值”，EV 表示“情感价值”，CV 表示“共同体价值”，SI 表示“分享意愿”，RI 表示“推荐意愿”。

由表 4-5 可知，验证性因子分析各拟合参数的显示值（χ^2=1091.421，df=805，χ^2/df=1.356<3，NFI=0.936>0.9，IFI=0.982>0.9，TLI=0.980>0.9，CFI=0.982>0.9，GFI=0.920>0.9，RMSEA=0.025<0.08）均符合研究的建议要求，说明模型拟合较好，本书的验证性因子分析模型对于调查问卷所得到的样本数据具有较好的拟合效果。

表 4-5　验证性因子分析的模型拟合

模型拟合	χ^2	df	χ^2/df	NFI	IFI	TLI	CFI	GFI	RMSEA
拟合结果	1091.421	805	1.356	0.936	0.982	0.980	0.982	0.920	0.025
建议值	/	/	<3	>0.9	>0.9	>0.9	>0.9	>0.9	<0.08

由表 4-6 可知，本书的验证性因子分析模型中各测量指标的标准化因子载荷介于 0.754 至 0.892 之

间，均大于0.50，所对应的显著性p值均小于0.05，说明各变量对于观察变量具有显著影响，各变量对应的所属题目具有较高的代表性。同时，各变量的平均方差抽取量AVE的值介于0.618到0.716之间，均大于0.5，组合信度CR的值介于0.829到0.923之间，均大于0.7，说明本研究的各变量的收敛效度比较理想。

表4-6　收敛效度结果

变量	题项	估计值	S.E.	C.R.	P	标准化因子载荷	AVE	CR
地方依恋	PA1	1				0.786	0.632	0.923
	PA2	0.982	0.047	20.865	***	0.791		
	PA3	1.052	0.049	21.687	***	0.815		
	PA4	1.150	0.052	22.063	***	0.826		
	PA5	0.990	0.048	20.455	***	0.779		
	PA6	1.018	0.049	20.665	***	0.785		
	PA7	0.974	0.047	20.611	***	0.783		
居民自豪感	SP1	1				0.812	0.632	0.896
	SP2	1.074	0.051	21.100	***	0.791		
	SP3	0.971	0.047	20.519	***	0.774		
	SP4	0.992	0.048	20.780	***	0.782		
	SP5	0.980	0.045	21.914	***	0.814		

续 表

变量	题项	估计值	S.E.	C.R.	*P*	标准化因子载荷	AVE	CR
居民自我表现	SE1	1				0.854	0.702	0.876
	SE2	0.897	0.039	23.290	***	0.849		
	SE3	0.871	0.039	22.198	***	0.810		
公开性	OP1	1				0.770	0.618	0.829
	OP2	0.978	0.056	17.566	***	0.760		
	OP3	1.200	0.064	18.710	***	0.826		
互动性	IN1	1				0.774	0.670	0.859
	IN2	1.084	0.054	20.249	***	0.855		
	IN3	1.105	0.056	19.774	***	0.824		
娱乐性	EN1	1				0.869	0.684	0.866
	EN2	0.859	0.039	21.843	***	0.805		
	EN3	0.877	0.04	21.856	***	0.805		
社会价值	SV1	1				0.821	0.662	0.887
	SV2	0.922	0.044	21.059	***	0.786		
	SV3	1.134	0.048	23.449	***	0.855		
	SV4	0.932	0.044	21.225	***	0.790		
情感价值	EV1	1				0.838	0.684	0.867
	EV2	1.016	0.046	21.884	***	0.823		
	EV3	1.055	0.048	21.789	***	0.820		
共同体价值	CV1	1				0.817	0.652	0.882
	CV2	0.918	0.046	19.802	***	0.754		
	CV3	0.978	0.045	21.572	***	0.806		
	CV4	1.174	0.051	22.994	***	0.849		

续 表

变量	题项	估计值	S.E.	C.R.	P	标准化因子载荷	AVE	CR
分享意愿	SI1	1				0.883	0.713	0.909
	SI2	0.814	0.032	25.56	***	0.821		
	SI3	0.832	0.031	26.989	***	0.847		
	SI4	0.827	0.032	25.799	***	0.826		
推荐意愿	RI1	1				0.823	0.716	0.910
	RI2	1.224	0.047	26.053	***	0.892		
	RI3	1.026	0.043	23.609	***	0.832		
	RI4	1.014	0.043	23.8	***	0.836		
*** 表示 $p < 0.001$								

4.4 变量间的区别效度和相关性分析

当各变量的 AVE 平方根值均大于该变量与其他变量间的相关系数时，表明各变量间具有良好的可区别性。由表 4-7 可知，本研究各变量之间的相关系数均低于各变量的 AVE 平方根值，因此可以判定各变量之间的区别效度良好。

由表 4-7 中的结果可知，社会价值与地方依恋

（r=0.392，p<0.01）、居民自豪感（r=0.435，p<0.01）、居民自我表现（r=0.351，p<0.01）、公开性（r=0.426，p<0.01）、互动性（r=0.381，p<0.01）、娱乐性（r=0.416，p<0.01）之间均存在显著正相关；情感价值与地方依恋（r=0.409，p<0.01）、自豪感（r=0.387，p<0.01）、自我表现（r=0.363，p<0.01）、公开性（r=0.352，p<0.01）、互动性（r=0.374，p<0.01）、娱乐性（r=0.385，p<0.01）之间均存在显著正相关；共同体价值与地方依恋（r=0.426，p<0.01）、自豪感（r=0.411，p<0.01）、自我表现（r=0.377，p<0.01）、公开性（r=0.453，p<0.01）、互动性（r=0.383，p<0.01）、娱乐性（r=0.404，p<0.01）之间均存在显著正相关；分享意愿与社会价值（r=0.435，p<0.01）、情感价值（r=0.394，p<0.01）、共同体价值（r=0.460，p<0.01）之间均存在显著正相关；推荐意愿与社会价值（r=0.408，p<0.01）、情感价值（r=0.417，p<0.01）、共同体价值（r=0.389，p<0.01）之间均存在显著正相关。

表 4-7　区分效度：相关系数与 AVE 平方根值

	地方依恋	居民自豪感	居民自我表现	公开性	互动性	娱乐性	社会价值	情感价值	共同体价值	分享意愿	推荐意愿
地方依恋	**0.795**										
居民自豪感	0.448**	**0.795**									
居民自我表现	0.361**	0.365**	**0.838**								
公开性	0.362**	0.367**	0.343**	**0.786**							
互动性	0.304**	0.349**	0.255**	0.348**	**0.819**						
娱乐性	0.368**	0.351**	0.299**	0.337**	0.383**	**0.827**					
社会价值	0.392**	0.435**	0.351**	0.426**	0.381**	0.416**	**0.814**				
情感价值	0.409**	0.387**	0.363**	0.352**	0.374**	0.385**	0.449**	**0.827**			
共同体价值	0.426**	0.411**	0.377**	0.453**	0.383**	0.404**	0.394**	0.454**	**0.807**		
分享意愿	0.450**	0.421**	0.409**	0.493**	0.383**	0.391**	0.435**	0.394**	0.460**	**0.844**	
推荐意愿	0.420**	0.376**	0.341**	0.495**	0.392**	0.365**	0.408**	0.417**	0.389**	0.583**	**0.846**

斜角加黑处的为 AVE 平方根，其他数据是各变量之间的相关系数，* 表示 $p<0.05$，** 表示 $p<0.01$

4.5　假设验证

4.5.1　结构方程模型分析

根据上述研究的结论，居民特征与参与意愿的结构方程模型共有 11 个变量，分别为：居民内在特征的地方依恋、居民自豪感、居民自我表现 3 个变量；社交媒体特征的公开性、互动性、娱乐性 3 个变量；居民感知价值的社会价值、情感价值、共同体价值 3 个变量；居民参与意愿的分享意愿、推荐意愿 2 个变量。11 个变量对应的观测变量共有 43 个。采用 AMOS 23.0 绘制的居民特征与参与意愿的关系及居民感知价值的中介效应的结构方程模型图如图 4-2 所示。

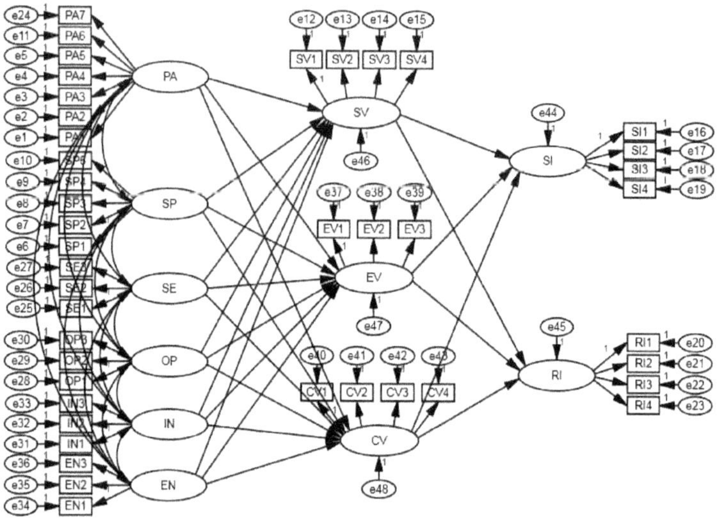

图 4-2　居民特征与参与意愿的关系及居民感知价值的中介效应的结构方程模型图

图中，PA 表示“地方依恋”，SP 表示“居民自豪感”，SE 表示“居民自我表现”；OP 表示“公开性”，IN 表示“互动性”，EN 表示“娱乐性”；SV 表示“社会价值”，EV 表示“情感价值”，CV 表示“共同体价值”；SI 表示“分享意愿”，RI 表示“推荐意愿”，采用 AMOS 23.0 对结构方程模型图得出运行结果，如图 4-3 所示。

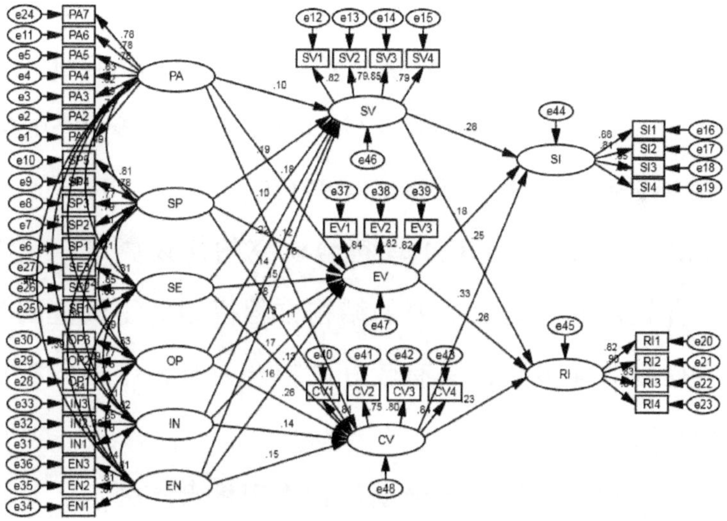

图 4-3　居民特征与参与意愿的关系及居民感知价值的中介效应的结构方程模型运行结果

在得到结构方程模型后，利用拟合指标来判断模型的拟合程度，以进一步保证结构方程的合理性。

将问卷收集到的数据导入 AMOS 23.0 软件，应用极大似然法得到的模型拟合参数如表 4-8 所示。

表 4-8　结构方程模型的参数拟合

模型拟合	χ^2	df	χ^2/df	NFI	IFI	TLI	CFI	GFI	RMSEA
拟合结果	1322.859	821	1.611	0.922	0.969	0.966	0.969	0.902	0.032
建议值	/	/	<3	>0.9	>0.9	>0.9	>0.9	>0.9	<0.08

由表 4-8 可知，本书结构方程模型中各拟合参数运算的显示值（χ^2=1322.859，df=821，χ^2/df=1.611<3，NFI=0.922>0.9，IFI=0.969>0.9，TLI=0.966>0.9，CFI=0.969>0.9，GFI=0.902>0.9，RMSEA=0.032<0.08）均符合研究的建议要求，模型拟合较好。因此，本书的结构方程模型对于调查问卷所得到的样本数据具有较好的拟合效果，结构方程模型有效。

在拟合指标分析证明结构方程模型有效后，对模型路径进行分析，结果如表 4-9 所示。

表 4-9　路径系数检验

假设	路径			估计值	S.E.	C.R.	*P*	标准化路径系数（β）	结果
H1-1	地方依恋	→	社会价值	0.110	0.050	2.194	0.028	0.101	成立
H1-2	居民自豪感	→	社会价值	0.209	0.053	3.909	***	0.190	成立
H1-3	居民自我表现	→	社会价值	0.100	0.045	2.214	0.027	0.100	成立
H1-4	地方依恋	→	情感价值	0.194	0.051	3.795	***	0.183	成立
H1-5	居民自豪感	→	情感价值	0.127	0.054	2.355	0.019	0.118	成立

续　表

假设	路径			估计值	S.E.	C.R.	*P*	标准化路径系数（β）	结果
H1-6	居民自我表现	→	情感价值	0.150	0.046	3.270	0.001	0.153	成立
H1-7	地方依恋	→	共同体价值	0.161	0.046	3.497	***	0.161	成立
H1-8	居民自豪感	→	共同体价值	0.113	0.048	2.343	0.019	0.112	成立
H1-9	居民自我表现	→	共同体价值	0.123	0.041	2.981	0.003	0.133	成立
H2-1	公开性	→	社会价值	0.205	0.046	4.436	***	0.219	成立
H2-2	娱乐性	→	社会价值	0.181	0.046	3.902	***	0.184	成立
H2-3	互动性	→	社会价值	0.130	0.044	2.932	0.003	0.137	成立
H2-4	公开性	→	情感价值	0.116	0.046	2.502	0.012	0.126	成立
H2-5	互动性	→	情感价值	0.162	0.045	3.593	***	0.175	成立
H2-6	娱乐性	→	情感价值	0.151	0.047	3.220	0.001	0.157	成立
H2-7	公开性	→	共同体价值	0.228	0.043	5.331	***	0.262	成立
H2-8	互动性	→	共同体价值	0.124	0.040	3.071	0.002	0.142	成立
H2-9	娱乐性	→	共同体价值	0.137	0.042	3.263	0.001	0.151	成立

续 表

假设	路径			估计值	S.E.	C.R.	P	标准化路径系数(β)	结果
H3-1	社会价值	→	分享意愿	0.249	0.047	5.342	***	0.254	成立
H3-2	社会价值	→	推荐意愿	0.330	0.055	6.046	***	0.280	成立
H3-3	情感价值	→	分享意愿	0.216	0.055	3.914	***	0.179	成立
H3-4	情感价值	→	推荐意愿	0.264	0.048	5.529	***	0.264	成立
H3-5	共同体价值	→	分享意愿	0.423	0.060	7.007	***	0.331	成立
H3-6	共同体价值	→	推荐意愿	0.239	0.051	4.712	***	0.226	成立

由路径系数检验结果可知：

查看居民内在特征对于居民感知价值的假设，对于社会价值来说，①居民内在特征的地方依恋对于社会价值具有显著正向影响（β=0.101，p=0.028<0.05），假设 H1-1 成立；②居民内在特征的居民自豪感对于社会价值具有显著正向影响（β=0.190，p=0.000<0.05），假设 H1-2 成立；③居民内在特征的居民自我表现对于社会价值具有显著正向影响（β=0.100，p=0.027<0.05），假设 H1-3 成立。

对于情感价值来说，①居民内在特征的地方依恋对于情感价值具有显著正向影响（β=0.183，p=0.000<0.05），假设 H1-4 成立；②居民内在特征的居民自豪感对于情感价值具有显著正向影响（β=0.118，p=0.019<0.05），假设 H1-5 成立；③居民内在特征的居民自我表现对于情感价值具有显著正向影响（β=0.153，p=0.001<0.05），假设 H1-6 成立。

对于共同体价值来说，①居民内在特征的地方依恋对于共同体价值具有显著正向影响（β=0.161，p=0.000<0.05），假设 H1-7 成立；②居民内在特征的居民自豪感对于共同体价值具有显著正向影响（β=0.112，p=0.019<0.05），假设 H1-8 成立；③居民内在特征的居民自我表现对于共同体价值具有显著正向影响（β=0.133，p=0.003<0.05），假设 H1-9 成立。

查看社交媒体特征对于居民感知价值的假设，①对于社会价值来说，社交媒体特征的公开性对于社会价值具有显著正向影响（β=0.219，p=0.000<0.05），假设 H2-1 成立；②社交媒体特征的娱乐性对于社会价值具有显著正向影响（β=0.184，p=0.000<0.05），假设 H2-2 成立；③社交媒体特征的互动性对于社会价值具有显著正向影

响（$\beta=0.137$，$p=0.003<0.05$），假设H2-3成立。

对于情感价值来说：①社交媒体特征的公开性对于情感价值具有显著正向影响（$\beta=0.126$，$p=0.012<0.05$），假设H2-4成立；②社交媒体特征的互动性对于情感价值具有显著正向影响（$\beta=0.175$，$p=0.000<0.05$），假设H2-5成立；③社交媒体特征的娱乐性对于情感价值具有显著正向影响（$\beta=0.157$，$p=0.001<0.05$），假设H2-6成立。

对于共同体价值来说：①社交媒体特征的公开性对于共同体价值具有显著正向影响（$\beta=0.262$，$p=0.000<0.05$），假设H2-7成立；②社交媒体特征的互动性对于共同体价值具有显著正向影响（$\beta=0.142$，$p=0.002<0.05$），假设H2-8成立；③社交媒体特征的娱乐性对于共同体价值具有显著正向影响（$\beta=0.151$，$p=0.001<0.05$），假设H2-9成立。

查看居民感知价值对于居民参与意愿的假设：①对于分享意愿来说，社会价值对分享意愿具有显著正向影响（$\beta=0.254$，$p=0.000<0.05$），假设H3-1成立；②情感价值对于分享意愿具有显著正向影响（$\beta=0.179$，$p=0.000<0.05$），假设H3-3成立；③共同体价值对于分享意愿

具有显著正向影响（β=0.331，p=0.000<0.05），假设 H3-5 成立。

对于推荐意愿来说：①社会价值对推荐意愿具有显著正向影响（β=0.280，p=0.000<0.05），假设 H3-2 成立；②情感价值对于推荐意愿具有显著正向影响（β=0.264，p=0.000<0.05），假设 H3-4 成立；③共同体价值对于推荐意愿具有显著正向影响（β=0.226，p=0.000<0.05），假设 H3-6 成立。

对于分享意愿来说，共同体价值的影响程度最大；而对于推荐意愿来说，情感价值的影响程度最大。

以上结果说明，居民对于桂林的地方依恋、自豪感与其自身的自我表现特征越强烈，其对于社交媒体所发挥的社会价值、情感价值和共同体价值感知也会更加强烈。社交媒体特征各维度对于居民感知价值各维度均存在显著的正向影响。社交媒体的公开性、互动性、娱乐性特征均能够促进居民对于社交媒体所发挥的社会价值、情感价值和共同体价值感知评价的提高。

4.5.2　居民感知价值的中介效应检验

以下采用 SPSS 分层回归法进行居民感知价值的中介效应检验。根据中介效应检验的方法原理，本研究按照以下步骤进行回归分析。

首先，检验自变量对因变量的回归系数显著性，将样本的性别、年龄、受教育程度、职业、经济收入、居民性质、居住年限、社交媒体使用频率与最常用的社交媒体等作为控制变量，将居民内在特征、社交媒体特征作为自变量，居民参与意愿作为因变量，得到模型1的回归结果。其次，检验自变量对中介变量的回归系数显著性，将样本的性别、年龄、受教育程度、职业、经济收入、居民性质、居住年限、社交媒体使用频率、最常用的社交媒体等作为控制变量，将居民内在特征、社交媒体特征作为自变量，并且将居民感知价值作为因变量，得到模型2的回归结果。最后，检验自变量、中介变量对因变量回归系数的显著性，即在模型1的基础上，加入居民感知价值，得到模型3的回归结果。在模型1和模型2均成立的基础上，根据模型3中的中介变量居民感知价值对于居民参与意愿的回归系数显著性，判断本书居民感知价值的中介效应是否成立，并基于模型3中居民内在特征、社交媒体特征对于居民参与意愿的回归系数显著性结果，判断中介效应的类型。中介效应检验结果如表4-10所示。

表 4-10　感知价值的中介效应检验结果

自变量		模型 1：居民参与意愿		模型 2：居民感知价值		模型 3：居民参与意愿	
		β	t	β	t	β	t
控制变量	性别	0.005	0.157	0.005	0.167	0.004	0.131
	年龄	−0.137	−4.662***	−0.027	−0.933	−0.132***	−4.563
	受教育程度	0.009	0.319	0.033	1.17	0.004	0.127
	职业	−0.034	−1.041	−0.015	−0.476	−0.032	−0.974
	经济收入	0.047	1.431	−0.033	−1.018	0.053	1.619
	居民性质	0.151	3.919***	0.063	1.674	0.141***	3.68
	居住年限	0.293	7.500***	0.069	1.806	0.281***	7.275
	社交媒体使用频率	0.036	1.092	−0.028	−0.861	0.041	1.25
	最常用的社交媒体	−0.012	−0.404	−0.025	−0.874	−0.008	−0.263

续　表

自变量		模型 1：居民参与意愿		模型 2：居民感知价值		模型 3：居民参与意愿	
		β	t	β	t	β	t
自变量	居民内在特征	0.305	8.692***	0.385	11.195***	0.240***	6.274
	社交媒体特征	0.386	9.869***	0.456	11.882***	0.309***	7.170
中介变量	居民感知价值					0.169***	4.024
模型检验	$R2$	0.537		0.556		0.55	
	调整 $R2$	0.528		0.548		0.54	
	F 值 □	60.469***		65.347***		58.246***	
* p<0.05,** p<0.01							

首先，由模型 1 可知，居民内在特征对居民参与意愿具有显著的正向影响（β=0.305，t=8.692，p<0.05），社交媒体特征对居民参与意愿具有显著的正向影响（β=0.386，t=9.869，p<0.05）。

其次，检验自变量对中介变量的回归系数显著性，由模型 2 可知，居民内在特征对居民参与意愿具有显著的正向影响（β=0.385，t=11.195，p<0.05），社交媒体特征对居民参与意愿具有显著的正向影响（β=0.456，t=11.882，p<0.05）。

最后，检验自变量、中介变量对因变量回归系数显著性，由模型 3 可知，居民感知价值对居民参与意愿具有显著的正向影响（β=0.169，t=4.024，p<0.05），表明居民感知价值存在显著的中介效应。此时，居民内在特征对居民参与意愿具有显著的正向影响（β=0.240，t=6.274，p<0.05），社交媒体特征对居民参与意愿同样具有显著的正向影响（β=0.309，t=7.170，p<0.05），表明居民感知价值在居民内在特征、社交媒体特征对居民参与意愿的影响中均存在显著的中介效应。

4.6 差异分析

4.6.1 性别的差异分析

采用独立样本 t 检验，验证不同性别样本的居民内在特征、社交媒体特征、居民感知价值与居民参与意愿各维度是否存在显著差异。由表 4-11 可知，不同性别样本的地方依恋、居民自豪感、居民自我表现、公开性、互动性、娱乐性、社会价值、情感价值、共同体价值、分享意愿、推荐意愿均不存在显著差异（$p \geqslant 0.05$）。

表 4-11 不同性别的 t 检验分析结果

变量	男（n=311）	女（n=275）	t	p
地方依恋	3.22 ± 1.11	3.26 ± 1.03	−0.473	0.636
居民自豪感	3.35 ± 1.06	3.25 ± 1.04	1.251	0.211
居民自我表现	3.18 ± 1.18	3.21 ± 1.22	−0.271	0.786
公开性	3.33 ± 1.13	3.29 ± 1.06	0.437	0.662

续　表

变　量	男（n=311）	女（n=275）	t	p
互动性	3.57 ± 1.16	3.38 ± 1.17	1.963	0.050
娱乐性	3.26 ± 1.22	3.25 ± 1.20	0.166	0.869
社会价值	3.24 ± 1.17	3.20 ± 1.07	0.419	0.675
情感价值	3.38 ± 1.16	3.40 ± 1.14	−0.154	0.878
共同体价值	3.24 ± 1.07	3.18 ± 1.07	0.672	0.502
分享意愿	3.32 ± 1.17	3.29 ± 1.13	0.358	0.720
推荐意愿	3.39 ± 1.16	3.39 ± 1.14	0.018	0.986

4.6.2　年龄的差异分析

采用单因素方差分析，验证不同年龄样本的居民内在特征、社交媒体特征、居民感知价值与居民参与意愿各维度是否存在显著差异。由表 4-12 可知，不同年龄样本的地方依恋、居民自豪感、居民自我表现、互动性、娱乐性、情感价值、共同体价值均不存在显著差异（$p>0.05$），而不同年龄样本的公开性、社会价值、分享意愿、推荐意愿存在显著差异（$p<0.05$）。

表 4-12　不同年龄的方差分析结果

变　量	18 岁以下（n=55）	18~30 岁（n=146）	31~45 岁（n=209）	46~60 岁（n=139）	60 岁以上（n=37）	F	p
地方依恋	3.36 ± 1.10	3.35 ± 1.07	3.21 ± 1.11	3.13 ± 1.00	3.25 ± 1.11	0.955	0.432
居民自豪感	3.45 ± 1.03	3.38 ± 1.12	3.30 ± 1.03	3.18 ± 0.99	3.26 ± 1.08	1.021	0.396
居民自我表现	3.23 ± 1.21	3.32 ± 1.19	3.23 ± 1.15	3.00 ± 1.22	3.14 ± 1.38	1.332	0.257
公开性	3.29 ± 1.20	3.54 ± 1.12	3.32 ± 1.08	3.09 ± 0.98	3.12 ± 1.22	3.322	0.011
互动性	3.54 ± 1.19	3.56 ± 1.19	3.51 ± 1.15	3.35 ± 1.15	3.47 ± 1.19	0.690	0.599
娱乐性	3.30 ± 1.22	3.38 ± 1.21	3.23 ± 1.20	3.08 ± 1.21	3.49 ± 1.21	1.468	0.210
社会价值	3.58 ± 0.95	3.28 ± 1.18	3.14 ± 1.12	3.05 ± 1.13	3.51 ± 0.99	3.197	0.013
情感价值	3.46 ± 1.22	3.50 ± 1.18	3.43 ± 1.13	3.20 ± 1.11	3.30 ± 1.13	1.530	0.192
共同体价值	3.28 ± 1.26	3.29 ± 1.14	3.25 ± 1.05	3.08 ± 0.95	3.07 ± 1.03	1.006	0.404
分享意愿	3.60 ± 1.16	3.53 ± 1.13	3.32 ± 1.14	2.98 ± 1.09	3.14 ± 1.22	5.565	0.000
推荐意愿	3.80 ± 1.10	3.53 ± 1.10	3.44 ± 1.13	3.03 ± 1.17	3.27 ± 1.19	6.020	0.000

4.6.3　受教育程度的差异分析

采用单因素方差分析，验证不同受教育程度样本的居民内在特征、社交媒体特征、居民感知价值与居民参与意愿各维度是否存在显著差异。由表 4-13 可知，不同受教育程度样本的地方依恋、居民自豪感、居民自我表现、公开性、互动性、娱乐性、社会价值、情感价值、共同体价值、分享意愿、推荐意愿均不存在显著差异（$p>0.05$）。

4.6.4　职业的差异分析

采用单因素方差分析，验证不同职业样本的居民内在特征、社交媒体特征、居民感知价值与居民参与意愿各维度是否存在显著差异。由表 4-14 可知，不同职业样本的地方依恋、居民自豪感、互动性、娱乐性、情感价值均不存在显著差异（$p>0.05$），而不同职业样本的居民自我表现、公开性、社会价值、共同体价值、分享意愿、推荐意愿存在显著差异（$p<0.05$）。

表 4-13　不同受教育程度的方差分析结果

变量	高中及以下（n=93）	大专（n=142）	本科（n=313）	研究生及以上（n=38）	F	p
地方依恋	3.28 ± 1.04	3.39 ± 1.04	3.18 ± 1.09	3.15 ± 1.15	1.331	0.263
居民自豪感	3.27 ± 1.02	3.31 ± 1.04	3.31 ± 1.06	3.32 ± 1.09	0.044	0.988
居民自我表现	3.08 ± 1.18	3.23 ± 1.17	3.23 ± 1.20	3.02 ± 1.32	0.694	0.556
公开性	3.13 ± 1.10	3.20 ± 1.11	3.40 ± 1.09	3.35 ± 1.08	2.163	0.091
互动性	3.48 ± 1.19	3.54 ± 1.17	3.45 ± 1.16	3.55 ± 1.20	0.253	0.859
娱乐性	3.28 ± 1.23	3.22 ± 1.19	3.24 ± 1.22	3.40 ± 1.13	0.254	0.859
社会价值	3.19 ± 1.09	3.20 ± 1.12	3.21 ± 1.14	3.45 ± 1.12	0.568	0.636
情感价值	3.37 ± 1.21	3.30 ± 1.14	3.39 ± 1.15	3.73 ± 0.99	1.412	0.238
共同体价值	3.18 ± 1.06	3.20 ± 1.07	3.22 ± 1.08	3.24 ± 1.06	0.044	0.988
分享意愿	3.22 ± 1.20	3.33 ± 1.09	3.31 ± 1.16	3.43 ± 1.15	0.338	0.798
推荐意愿	3.31 ± 1.28	3.49 ± 1.13	3.35 ± 1.14	3.53 ± 1.03	0.862	0.460

表 4-14　不同职业的方差分析结果

	政府公务员（n=121）	专业技术人员（n=73）	企业、公司职员（n=166）	自由职业者（n=28）	退休人员（n=7）	个体经营者（n=27）	学生（n=152）	其他（n=12）	F	p
地方依恋	3.45 ± 1.15	2.99 ± 1.11	3.14 ± 1.01	3.07 ± 1.11	3.29 ± 0.94	3.20 ± 0.95	3.37 ± 1.06	3.12 ± 1.09	1.896	0.068
居民自豪感	3.45 ± 1.12	3.08 ± 0.99	3.26 ± 0.99	3.09 ± 0.87	3.11 ± 0.93	3.27 ± 1.14	3.42 ± 1.07	2.90 ± 1.13	1.613	0.129
居民自我表现	3.36 ± 1.21	2.75 ± 1.09	3.16 ± 1.17	3.09 ± 1.22	3.38 ± 1.48	3.26 ± 0.99	3.27 ± 1.26	3.53 ± 1.11	2.126	0.039
公开性	3.59 ± 1.14	2.81 ± 1.02	3.23 ± 1.00	3.44 ± 0.96	2.76 ± 1.07	3.72 ± 1.17	3.31 ± 1.13	3.53 ± 0.99	4.485	0.000
互动性	3.65 ± 1.13	3.21 ± 1.20	3.36 ± 1.18	3.67 ± 1.25	3.48 ± 0.69	3.58 ± 1.16	3.53 ± 1.16	3.89 ± 1.08	1.573	0.141
娱乐性	3.37 ± 1.16	2.91 ± 1.26	3.26 ± 1.24	3.30 ± 1.19	3.52 ± 1.40	3.21 ± 1.18	3.28 ± 1.17	3.64 ± 1.19	1.226	0.286
社会价值	3.43 ± 1.12	2.78 ± 1.10	3.13 ± 1.07	3.18 ± 1.16	3.54 ± 0.94	3.23 ± 1.24	3.37 ± 1.11	3.04 ± 1.41	2.917	0.005
情感价值	3.60 ± 1.14	3.05 ± 1.03	3.30 ± 1.19	3.29 ± 1.11	3.10 ± 1.21	3.46 ± 1.06	3.46 ± 1.18	3.78 ± 0.91	2.021	0.051
共同体价值	3.43 ± 1.14	3.02 ± 0.94	3.13 ± 1.02	3.28 ± 1.14	2.46 ± 1.12	2.95 ± 1.01	3.25 ± 1.10	3.56 ± 1.03	2.168	0.035
分享意愿	3.67 ± 1.13	2.75 ± 1.12	3.33 ± 1.11	3.17 ± 1.09	3.04 ± 1.25	3.29 ± 0.95	3.32 ± 1.16	3.17 ± 1.23	4.563	0.000
推荐意愿	3.74 ± 1.07	2.75 ± 1.15	3.39 ± 1.06	3.21 ± 1.27	3.11 ± 1.35	3.44 ± 1.10	3.45 ± 1.19	3.40 ± 1.04	5.361	0.000

4.6.5 经济收入的差异分析

采用单因素方差分析，验证不同经济收入样本的居民内在特征、社交媒体特征、居民感知价值与居民参与意愿各维度是否存在显著差异。由表4-15可知，不同经济收入样本的地方依恋、居民自我表现、公开性、互动性、娱乐性、社会价值、情感价值、共同体价值、分享意愿、推荐意愿均不存在显著差异（$p>0.05$），而不同经济收入样本的居民自豪感存在显著差异（$p<0.05$）。

表4-15 不同经济收入的方差分析结果

变量	3000元及以下（n=163）	3001~5000元（n=143）	5001~10000元（n=223）	10000元及以上（n=57）	F	p
地方依恋	3.26 ± 1.04	3.33 ± 1.07	3.18 ± 1.09	3.22 ± 1.12	0.623	0.600
居民自豪感	3.38 ± 1.08	3.46 ± 1.00	3.16 ± 1.04	3.26 ± 1.04	2.781	0.040
居民自我表现	3.20 ± 1.21	3.37 ± 1.20	3.14 ± 1.18	2.92 ± 1.18	2.146	0.093
公开性	3.18 ± 1.14	3.42 ± 1.04	3.30 ± 1.12	3.39 ± 1.02	1.352	0.257
互动性	3.44 ± 1.18	3.50 ± 1.12	3.51 ± 1.19	3.45 ± 1.18	0.171	0.916
娱乐性	3.27 ± 1.18	3.37 ± 1.20	3.23 ± 1.20	3.02 ± 1.31	1.209	0.306

续　表

变　量	3000 元及以下（n=163）	3001~5000 元（n=143）	5001~10000 元（n=223）	10000 元及以上（n=57）	F	p
社会价值	3.32 ± 1.12	3.34 ± 1.15	3.08 ± 1.09	3.17 ± 1.18	2.123	0.096
情感价值	3.44 ± 1.14	3.44 ± 1.13	3.35 ± 1.15	3.27 ± 1.22	0.504	0.680
共同体价值	3.17 ± 1.08	3.34 ± 1.08	3.15 ± 1.04	3.27 ± 1.14	1.049	0.370
分享意愿	3.25 ± 1.15	3.34 ± 1.15	3.33 ± 1.13	3.32 ± 1.21	0.22	0.882
推荐意愿	3.29 ± 1.16	3.58 ± 1.13	3.34 ± 1.15	3.41 ± 1.16	1.876	0.132

4.6.6　居住性质的差异分析

采用独立样本 t 检验，验证不同居住性质样本的居民内在特征、社交媒体特征、居民感知价值与居民参与意愿各维度是否存在显著差异。由表 4-16 可知，不同居住性质样本的地方依恋、居民自豪感、居民自我表现、公开性、互动性、娱乐性、社会价值、情感价值、共同体价值、推荐意愿均不存在显著差异（$p>0.05$），而不同居住性质样本的分享意愿存在显著差异（$p<0.05$）。

表 4-16　不同居住性质的 t 检验分析结果

变　量	本地居民（n=404）	外来居民（n=182）	t	p
地方依恋	3.25 ± 1.09	3.22 ± 1.03	0.400	0.690
居民自豪感	3.33 ± 1.06	3.24 ± 1.01	0.984	0.326
居民自我表现	3.25 ± 1.20	3.06 ± 1.20	1.806	0.071
公开性	3.35 ± 1.13	3.22 ± 1.02	1.347	0.179
互动性	3.51 ± 1.16	3.42 ± 1.19	0.868	0.386
娱乐性	3.31 ± 1.22	3.14 ± 1.17	1.557	0.120
社会价值	3.22 ± 1.13	3.22 ± 1.11	0.058	0.953
情感价值	3.43 ± 1.16	3.29 ± 1.12	1.403	0.161
共同体价值	3.24 ± 1.08	3.14 ± 1.04	1.086	0.278
分享意愿	3.39 ± 1.13	3.13 ± 1.17	2.571	0.010
推荐意愿	3.44 ± 1.14	3.27 ± 1.17	1.693	0.091

4.6.7　居住年限的差异分析

采用单因素方差分析，验证不同居住年限样本的居民内在特征、社交媒体特征、居民感知价值与居民参与意愿各维度是否存在显著差异。由表 4-17 可知，不同居住年限样本的地方依恋、居民自豪感、居民自我表现、公开性、互动性、娱乐性、社会价值、情感价值、共同体价值、分享意愿、推荐意愿均存在显著差异（$p<0.05$）。

表 4-17 不同居住年限的方差分析结果

变 量	5 年及以下（n=53）	6~10 年（n=82）	11~15 年（n=84）	16~20 年（n=222）	21 年及以上（n=145）	F	p
地方依恋	2.61 ± 0.88	3.27 ± 0.93	3.19 ± 1.08	3.36 ± 1.06	3.32 ± 1.16	5.624	0.000
居民自豪感	2.81 ± 0.93	3.30 ± 0.88	3.25 ± 1.06	3.33 ± 1.10	3.47 ± 1.05	4.049	0.003
居民自我表现	2.67 ± 1.04	3.06 ± 1.16	3.20 ± 1.14	3.26 ± 1.24	3.34 ± 1.20	3.493	0.008
公开性	2.81 ± 0.79	3.30 ± 1.02	3.29 ± 1.14	3.39 ± 1.14	3.38 ± 1.11	3.233	0.012
互动性	3.19 ± 1.16	3.24 ± 1.20	3.45 ± 1.09	3.63 ± 1.13	3.53 ± 1.22	2.667	0.032
娱乐性	2.77 ± 0.99	3.14 ± 1.12	3.34 ± 1.21	3.35 ± 1.23	3.30 ± 1.27	2.822	0.024
社会价值	2.72 ± 1.03	3.26 ± 1.07	3.14 ± 1.15	3.29 ± 1.12	3.32 ± 1.15	3.277	0.011
情感价值	2.69 ± 0.88	3.34 ± 1.10	3.52 ± 1.10	3.43 ± 1.17	3.53 ± 1.18	6.123	0.000
共同体价值	2.86 ± 0.88	3.08 ± 1.01	3.15 ± 1.14	3.26 ± 1.06	3.37 ± 1.11	2.737	0.028
分享意愿	1.99 ± 0.62	3.16 ± 1.00	3.39 ± 1.06	3.54 ± 1.13	3.47 ± 1.13	24.434	0.000
推荐意愿	1.99 ± 0.61	3.48 ± 0.95	3.50 ± 0.99	3.54 ± 1.17	3.56 ± 1.13	25.092	0.000

4.6.8 社交媒体使用频率的差异分析

采用单因素方差分析，验证不同社交媒体使用频率样本的居民内在特征、社交媒体特征、居民感知价值与居民参与意愿各维度是否存在显著差异。由表4-18可知，不同社交媒体使用频率样本的地方依恋、居民自豪感、居民自我表现、公开性、互动性、娱乐性、社会价值、情感价值、共同体价值、分享意愿、推荐意愿均存在显著差异（$p<0.05$）。

4.6.9 最常用的社交媒体的差异分析

采用单因素方差分析，验证不同最常用的社交媒体样本的居民内在特征、社交媒体特征、居民感知价值与居民参与意愿各维度是否存在显著差异。由表4-19可知，不同最常用的社交媒体样本的共同体价值不存在显著差异（$p>0.05$），而不同最常用的社交媒体样本的地方依恋、居民自豪感、居民自我表现、公开性、互动性、娱乐性、社会价值、情感价值、分享意愿、推荐意愿均存在显著差异（$p<0.05$）。

表 4-18　不同社交媒体使用频率的方差分析结果

变　量	从不（*n*=41）	偶尔（*n*=77）	经常（*n*=228）	每天（*n*=240）	*F*	*p*
地方依恋	2.63 ± 0.76	2.89 ± 0.99	3.31 ± 1.04	3.40 ± 1.12	9.598	0.000
居民自豪感	2.74 ± 0.90	2.94 ± 0.93	3.35 ± 1.04	3.47 ± 1.06	9.609	0.000
居民自我表现	2.76 ± 1.01	2.62 ± 0.99	3.19 ± 1.16	3.45 ± 1.25	11.960	0.000
公开性	2.40 ± 0.68	2.58 ± 0.92	3.43 ± 1.03	3.58 ± 1.09	30.783	0.000
互动性	2.31 ± 0.76	2.72 ± 1.05	3.61 ± 1.11	3.81 ± 1.08	38.172	0.000
娱乐性	2.07 ± 0.82	2.32 ± 0.90	3.31 ± 1.15	3.70 ± 1.10	49.533	0.000
社会价值	2.54 ± 1.01	2.70 ± 1.08	3.25 ± 1.08	3.47 ± 1.11	15.312	0.000
情感价值	2.73 ± 0.95	2.89 ± 1.07	3.36 ± 1.11	3.69 ± 1.14	16.076	0.000
共同体价值	2.78 ± 1.04	2.64 ± 0.93	3.32 ± 1.03	3.36 ± 1.08	12.574	0.000
分享意愿	2.69 ± 1.04	2.60 ± 1.01	3.43 ± 1.07	3.52 ± 1.16	19.131	0.000
推荐意愿	2.35 ± 0.83	2.92 ± 1.06	3.38 ± 1.18	3.72 ± 1.04	24.618	0.000

表 4-19　最常用的社交媒体的方差分析结果

变　量	微信（n=231）	微博（n=85）	QQ（n=124）	小红书（n=54）	抖音（n=71）	其他（n=21）	F	p
地方依恋	3.20 ± 1.09	3.14 ± 0.97	3.11 ± 1.01	3.43 ± 1.13	3.69 ± 1.15	2.95 ± 0.79	3.844	0.002
居民自豪感	3.32 ± 1.07	3.19 ± 0.98	3.17 ± 0.99	3.38 ± 1.08	3.68 ± 1.10	2.91 ± 0.85	3.179	0.008
居民自我表现	3.18 ± 1.21	2.98 ± 1.09	3.08 ± 1.20	3.30 ± 1.16	3.70 ± 1.16	2.83 ± 1.32	3.93	0.002
公开性	3.26 ± 1.09	3.19 ± 1.07	3.12 ± 1.09	3.69 ± 1.07	3.77 ± 1.05	2.84 ± 0.92	5.769	0.000
互动性	3.45 ± 1.16	3.35 ± 1.24	3.26 ± 1.15	3.85 ± 1.08	3.92 ± 1.06	3.30 ± 1.14	4.412	0.001
娱乐性	3.19 ± 1.22	2.99 ± 1.07	2.98 ± 1.17	3.55 ± 1.27	4.26 ± 0.69	2.48 ± 1.08	16.263	0.000
社会价值	3.31 ± 1.09	2.91 ± 1.11	2.96 ± 1.09	3.47 ± 1.17	3.70 ± 1.14	2.75 ± 0.87	7.153	0.000
情感价值	3.40 ± 1.14	3.25 ± 1.14	3.17 ± 1.16	3.56 ± 1.08	3.81 ± 1.14	3.24 ± 1.11	3.408	0.005
共同体价值	3.17 ± 1.10	3.14 ± 1.06	3.12 ± 0.98	3.34 ± 1.08	3.54 ± 1.12	3.11 ± 1.02	1.893	0.094
分享意愿	3.30 ± 1.17	3.09 ± 1.06	3.12 ± 1.15	3.57 ± 1.15	3.83 ± 1.01	2.94 ± 1.10	5.48	0.000
推荐意愿	3.38 ± 1.17	3.21 ± 1.15	3.25 ± 1.15	3.60 ± 1.10	3.83 ± 1.05	2.98 ± 0.95	3.815	0.002

第5章　研究结论、影响及发展方向

SNS

5.1 研究结论

5.1.1 SNS 背景下旅游目的地居民特征与参与意愿的假设验证

本书通过采用 Pearson 相关性分析和 AMOS 结构方程模型，验证了居民内在特征、社交媒体特征对于居民感知价值，以及居民感知价值对于居民参与桂林旅游形象传播意愿的影响，验证结果汇总如表 5-1 所示。

表 5-1 假设验证结果汇总

假设编号	假设内容	验证结果
H1-1	地方依恋对居民社会价值有显著正向影响	成立
H1-2	居民自豪感对居民社会价值有显著正向影响	成立
H1-3	居民自我表现对居民社会价值有显著正向影响	成立
H1-4	地方依恋对居民情感价值有显著正向影响	成立
H1-5	居民自豪感对居民情感价值有显著正向影响	成立
H1-6	居民自我表现对居民情感价值有显著正向影响	成立
H1-7	地方依恋对居民共同体价值有显著正向影响	成立

续　表

假设编号	假设内容	验证结果
H1-8	居民自豪感对居民共同体价值有显著正向影响	成立
H1-9	居民自我表现对居民共同体价值有显著正向影响	成立
H2-1	社交媒体的公开性对居民社会价值有显著正向影响	成立
H2-2	社交媒体的互动性对居民社会价值有显著正向影响	成立
H2-3	社交媒体的娱乐性对居民社会价值有显著正向影响	成立
H2-4	社交媒体的公开性对居民情感价值有显著正向影响	成立
H2-5	社交媒体的互动性对居民情感价值有显著正向影响	成立
H2-6	社交媒体的娱乐性对居民情感价值有显著正向影响	成立
H2-7	社交媒体的公开性对居民共同体价值有显著正向影响	成立
H2-8	社交媒体的互动性对居民共同体价值有显著正向影响	成立
H2-9	社交媒体的娱乐性对居民共同体价值有显著正向影响	成立
H3-1	社会价值对居民分享意愿有显著正向影响	成立
H3-2	社会价值对居民推荐意愿有显著正向影响	成立
H3-3	情感价值对居民分享意愿有显著正向影响	成立
H3-4	情感价值对居民推荐意愿有显著正向影响	成立
H3-5	共同体价值对居民分享意愿有显著正向影响	成立
H3-6	共同体价值对居民推荐意愿有显著正向影响	成立

（1）居民内在特征各维度对于居民感知价值各维度均存在显著的正向影响。居民对于桂林的地方依恋、

自豪感与其自身的自我表现特征越强烈，其对于社交媒体所发挥的社会价值、情感价值和共同体价值感知也会更加强烈。其中，对于社交媒体的社会价值来说，居民的自豪感的影响更强；对于社交媒体的情感价值来说，地方依恋对于情感价值的影响更强；而对于社交媒体的共同体价值来说，同样也是地方依恋对于共同体价值的影响更强。

（2）社交媒体特征各维度对于居民感知价值各维度均存在显著的正向影响。社交媒体的公开性、互动性、娱乐性特征均能够促进居民对于社交媒体所发挥的社会价值、情感价值和共同体价值感知评价的提高。其中，对于社会价值来说，社交媒体的公开性特征对于其社会价值影响最强；对于情感价值来说，社交媒体的互动性特征对于其情感价值的影响最强；对于共同体价值来说，社交媒体的公开性特征对于其共同体价值的影响最强。

（3）居民对于社交媒体的感知价值各维度对应其参与桂林旅游形象宣传意愿各维度均具有显著正向影响。居民对于社交媒体的社会价值、情感价值和共同体价值感知评价越高，则对于运用社交媒体进行推荐或者分享桂林旅游形象的意愿便会越强。对于推荐意愿来说，居民对于社交媒体的情感价值对于推荐意愿的影响更强；而对于分享意愿来说，居民对于社交媒体的共同体价值对于分享意愿的影响更强。

5.1.2　居民感知价值的中介效应检验

本书采用 SPSS 分层回归法检验居民感知价值在旅游目的地居民特征与参与意愿关系中的中介效应。研究结果表明，居民内在特征与社交媒体特征将通过居民对于社交媒体感知价值的中介作用，进而影响到其参与旅游目的地形象宣传的意愿。这表明，某个居民对于当地的内在情感和社交媒体特征的评价，将通过其对于社交媒体的感知价值评价，影响到其最终运用社交媒体参与旅游目的地形象宣传推荐和分享意愿的强弱。

5.1.3　人口统计学变量对于居民内在特征、社交媒体特征、居民感知价值、居民参与意愿的差异分析

从居民内在特征来看，不同性别、年龄、受教育程度、居住性质样本的居民内在特征不存在显著

差异；而由于样本职业的不同，其自我表现存在显著差异，除了“其他”职业以外，退休人员、政府公务员的自我表现较强，而专业技术人员的自我表现较弱；由于样本经济收入的不同，其自豪感存在显著差异，月收入在“3001~5000元”样本的自豪感最强；由于样本居住年限、社交媒体使用频率、最常用的社交媒体的不同，其地方依恋、自豪感、自我表现均存在显著差异，样本居住年限越久，其地方依恋、自豪感、自我表现越强，社交媒体使用频率为“每天”的样本，其地方依恋、自豪感、自我表现最强，最常用的社交媒体为“抖音”的样本，其地方依恋、自豪感、自我表现最强。

从社交媒体特征来看，虽然样本性别、受教育程度、经济收入、居住性质不同，但其社交媒体特征并不存在显著差异；而由于样本年龄的不同，其社交媒体的公开性特征存在显著差异，年龄为“18~30岁”的样本的社交媒体的公开性特征最强；由于样本职业的不同，其社交媒体的公开性特征存在显著差异，个体经营者、政府公务员样本的社交媒体公开性特征最强；由于样本居住年限、社交媒体使用频率、最常用的社交媒体的不同，其公开性、互动性、娱乐性感知均存在显著差异，居住年限为“18~30 年”、社交媒体使用频率为“每天”、最常用的社交媒体为“抖音”的样本对于社交媒体特征的公开性、互动性、娱乐性感知更强。

从居民感知价值来看，尽管样本性别、受教育程度、经济收入、居住性质不同，但其感知价值并不存在显著差异；而样本年龄的不同，其对于社交媒体的社会价值感知存在显著差异，年龄为“18 岁以下”和“60 岁以上”样本对于社交媒体的社会价值感知最强；由于样本职业的不同，其社会价值、共同体价值存在显著差异，退休人员、政府公务员对于社交媒体的社会价值感知最强，而除了“其他”职业以外，政府公务员对于社交媒体的共同体价值感知最强；由于样本居住年限、社交媒体使用频率的不同，其社会价值、情感价值、共同体价值存在显著差异，居住年限为“21 年及以上”、社交媒体使用频率为“每天”的样本对于社会价值、情感价值、共同体价值的感知较强；由于样本最常用的社交媒体的不同，其社会价值、情感价值存在显著差异，最常用的社交媒体为“抖音”的样本对于社会价值、情感价值的感知最强。

从居民参与意愿来看，虽然样本性别、受教育程度、经济收入不同，但其推荐意愿和分享意愿均不存在显著差异；而由于样本年龄的不同，其推荐意愿和分享意愿存在显著差异，年龄为“18岁以下”和“18~30岁”的样本对于运用社交媒体的推荐意愿和分享意愿更强；由于样本职业的不同，其推荐意愿和分享意愿存在显著差异，政府公务员对于运用社交媒体的推荐意愿和分享意愿最强；由于样本居住性质的不同，其分享意愿存在显著差异，本地居民的分享意愿更强；由于样本居住年限的不同，其推荐意愿和分享意愿存在显著差异，居住年限为“21年及以上”的样本运用社交媒体的推荐意愿和分享意愿最强；由于样本社交媒体使用频率的不同，其推荐意愿和分享意愿存在显著差异，“每天”都在使用社交媒体的样本运用社交媒体的推荐意愿和分享意愿最强；由于样本最常用的社交媒体的不同，其推荐意愿和分享意愿存在显著差异，最常用的社交媒体为“抖音”的样本运用社交媒体的推荐意愿和分享意愿最强。

5.2 影响

5.2.1 理论意义

以往学者对于居民内在特征的研究，往往侧重于居民的个体属性和外在行为表现形式，因为这些概念更加容易测量，进而忽视了居民情感与行为的关系。本书基于情感理论，从居民情感角度出发，充分考虑居民情感对于其活动特征的影响，故本研究的居民内在特征的维度设计，分别是地方依恋、居民自豪感和居民自我表现。本研究也通过实证分析，验证了在 SNS 背景下旅游目的地居民内在特征对旅游目的地形象宣传参与意愿的影响。结论表明，居民情感与行为的关系密切，并且，居民内在的情感特征同样能够对于旅游目的地形象宣传参与意愿造成影响，因此本研究有效地延伸了居民特征的内涵。

近年来，社交媒体作为人际交往的重要工具和媒介，在城市形象、企业品牌宣传中的广泛应用受到研究学者的重视。如赵露红（2020）认为，短视频平台的应用，将城市形象和市民生活深度融合，城市传播的内容从之前的集体生活公共领域的展示变为对个人私生活领域的展示，使得城市形象更接地气，城市传播越来越需要平实和细腻的城市故事。本书验证了社交媒体特征各维度对于居民感知价值各维度均存在显著的正向影响，有力地支持了学者在这方面的研究成果。

此外，本研究表明居民内在特征与社交媒体特征将通过居民对于社交媒体感知价值的中介作用，进而影响到其参与旅游目的地形象宣传的意愿，这一结论也为研究居民参与旅游目的地形象宣传意愿提供了新的思路。

5.2.2 实际意义

本研究对于居民内在特征与参与意愿的假设验证、居民感知价值的中介效应检验，以及样本人口统计学变量对于居民内在特征、社交媒体特征、居民感知价值、居民参与意愿的差异分析的结论，对各旅游目的地推动居民运用社交媒体参与旅游目的地形象宣传具有现实的指导意义。

第一，由本书的研究结论可知，居民感知价值不仅是直接影响居民参与意愿的重要变量，更是居民内在特征、社交媒体特征与居民参与意愿关系中的重要媒介，这说明要重视提升旅游目的地居民的感知价值，通过完善旅游信息，树立桂林旅游正面形象，提升桂林旅游的社会价值。在社交媒体中加大官方对桂林旅游的宣传力度，让游客可以更好地了解桂林，增加对桂林正面形象的传播。

秦始皇统一中国后，设置桂林郡，开凿灵渠，沟通湘江和漓江，桂林从此成为南通海域、北达中原的重镇。宋代以后，桂林一直是广西政治、经济、文化的中心，号称“西南会府”。抗日战争时期，桂林成为中国著名的文化城，众多的爱国作家、艺术家汇集在这里，谱写出抗日文化的新篇章。广泛传播这些史实，非常有利于提升桂林的旅游形象。在宣传的过程中要力求全面，要让消费者多方位地了解到他们想要了解的信息，从而提升旅游目的地居民参与宣传活动的意愿。

第二，增强自我认同感，提升居民情感价值。对自愿参与宣传的居民进行合理的奖励。在相应的社交媒体平台，与发布者进行一定的交流，并通过点赞等方式进行支持；可以帮助发布者进行内容的推送等，从而增强旅游目的地居民的认同感，提升他们的情感价值，从而提升旅游目的地居民参与宣传的意愿。

第三，加强居民与旅游目的地的联系，增强居民共同体意识。旅游目的地的旅游开发，在为当地居民带来就业发展机遇的同时，也给他们的社会生活及当地的生态环境带来了挑战，目的地营销组织要正确认识居民在旅游业发展中的地位和作用，充分考虑当地居民的利益，不能仅仅为了开发旅游而忽略当地居民的利益诉求。

本书的研究结果表明，居民内在特征的地方依恋、自豪感与自我表现对于旅游目的地居民对当地感知价值具有显著正向影响，这为采取措施着力激发旅游目的地居民的地方依恋和自豪感、增强旅游目的地居民对当地感知价值提供了依据。居民情感是对体现于其所处空间性的诸种社会关系与地理特征的具体化。因此，目的地营销组织要充分挖掘当地的特色资源，打造差异化竞争优势，强化居民对旅游目的地功能价值的认可和情感上的认同。同时，地区经济发展水平是影响居民经济收入的重要因素，而经济收入则影响居民的自豪感。因此，目的地营销组织努力发展桂林地区经济、提供更多就业岗位，可以促进居民地方依恋和自豪感的提升。

社交媒体特征各维度对于居民感知价值各维度均存在显著的正向影响，这表明提高社交媒体的公开性与互动性特征、提升居民社交媒体发布内容的娱乐性感知，对于增强旅游目的地居民对当地感知价值具有重要作用。社交媒体是居民参与旅游目的地形象宣传的重要工具。社交媒体中有关旅游目的地的信息越可靠有用、内容展示效果越生动、平台互动效果越好，旅游者对该旅游目的地的感知形象就越好，从而能增强其行为意向。目的地营销组织应充分利用社交媒体的特征和规律对旅游目的地形象进行有效宣传，在旅游者心中树立良好的形象，进而刺激旅游者的旅游行为。

5.3　局限性和未来研究方向

尽管本研究取得了以上研究结果，但由于笔者自身认识有限，以及时间、精力、调查费用的限制，本研究仍有一些不足。

一是所选取的调查对象所处区域仅限于桂林，但不同的旅游目的地会存在历史文化、民俗民风等不同的特点，因而类似研究的结论可能存在一定的差异，在其他旅游目的地，要因地制宜、具体情况具体分析，不能完全借用本研究的研究结论。

二是研究变量的选择存在主观性。比如：社交媒体特征的测量项中，学术界尚未对这三个特征有较为统一的量表，本书对社交媒体的公开性、互动性、娱乐性的测量是探索性的。

三是本研究以网上调查为主，没有开展足量的实地调查，不能真正全面地了解被调查者的心理状态与实际想法，因此研究过程有待改进。

四是本研究将居民参与意愿划分为推荐意愿与分享意愿，但在调查和分析过程中未对居民这两种意愿的不同表现做深入的探讨，研究内容有待丰富。

由于存在以上不足，因此本研究在许多方面有待进一步完善和深入。第一，对不同的旅游目的地进行共同特征提取，然后进行更为全面的研究，使研究结果更具普遍意义。第二，更为全面地查询相关资料，对研究变量进行更详细的分级，使得研究变量的信度和效度进一步提高，使研究结果更为准确。第三，将网络调查与实际调查相结合，多进行实地考察，提高研究效度。

参考文献

[1]Agarwal S, Brunt P.Social exclusion and English seaside resorts[J].Tourism Management, 2006, 27(4): 654-670.

[2]Abler R, Janelle D, Philbrick A, et al.Human geography in a shrinking world[M].North Scituate. MA: Duxbury Press, 1975.

[3]Ajzen I.Attiudes, personality, and behavior[M].McGraw-Hill International:Open University Press,2005.

[4]Allen L R, Long P T, Perdue R R, et al.The Impact of Tourism Development on Residents'Perceptions of Community Life[J].Journal of Travel Research, 1988,27(1):16-21.

[5]Amedeo D.Emotions in person-environment-behavior episodes[J].Advances in psychology, 1993,96:83-116.

[6]Ap J.Residents Perception on Tourism Impacts[J].Annals of Tourism Research, 1992,9:665-690.

[7]Ap J, Crompton J.Resident Strategies for responding to tourism impacts[J].Journal of travel research, 1993,32(1):47-50.

[8]Appleyard D.Styles and methods of structuring a city[J].

Environment and behavior, 1970.

[9] Atkinson D, Laudier E.A sanitised city? Social exclusion at Bristol's 1996 International Festival of the Sea [J]. Geoforum, 1998,29(2):199-206.

[10] Bagozzi, R P.The self-regulation of atudes, intentions and behavior[J].Social Psychology Quarterly, 1992:178-204.

[11] Baumeister R F, Twenge J M, Nuss C K.Effects of social exclusion on cognitive processes: Anticipated aloneness reduces intelligent thought[J].Journal of Personality and Social Psychology, 2002,83(4):817-827.

[12] Bernardo F, Palma J M.Place change and identity processes[J].Medio Ambientey Comportamiento Humano, 2005,6:71-87.

[13] Breakwell G M.Coping with threatened identity [M]. London: Methuen, 1986.

[14] Breakwell G M.Processes of self-evaluation: efficacy and estrangement[A].In: G M. Breakwell, Ed, Social Psychology of Identity and the Self-concept [C].Surrey: Surrey University Press, 1992.

[15] Bres K D, Davis J.Celebrating group and place identity: a case study of a new regional festival[J].Tourism Geographies, 2001,3:326-337.

[16] Brent S S.Thinking Globally and Acting Locally?: Environmental Attitudes,Behavior and activism[J]. Journal of Environmental Management, 2016, 47(9): 27-36.

[17] 范建红，陈烈，寇军 . 乡村景观空间演变的文化解读——以珠江三角洲为例 [J]. 建筑学报，2009，(10):83-85.

[18] 费孝通 . 江村经济 : 中国农民的生活 [M]. 戴可景译 . 北京 : 外语教学与研究出版社，2010.

[19] 高园 . 旅游目的地居民主观幸福感的外在影响因素研究——基于海南国际旅游岛的实证调查 [J]. 生态经济，2019，(11):86-90.

[20] 葛凌亚，苏勤，俞传俊，等 . 国内外旅游地居民地方感研究进展与启示 [J]. 旅游论坛，2016，6(5):18-25.

[21] 郭华，甘巧林 . 乡村旅游社区居民社会排斥的多维度感知——江西婺源李坑村案例的质化研究 [J]. 旅

游学刊，2021，26(8):87-94.

[22] 李成 . 制度变迁视角的乡村旅游社区利益相关者管理研究 [D]. 广州：暨南大学博士学位论文，2017.

[23] 郭景萍 . 情感社会学：理论，历史，现实 [M]. 上海三联书店，2008.

[24] 郭景萍 . 涂尔干：整合社会的集体感情研究 [J]. 学术论坛，2006，(3):129-133.

[25] 郝拓德，安德鲁·罗斯 . 情感转向：情感的类型及其国际关系影响 [J]. 学术论坛，2011，(4):40-56.

[26] 韩光明，黄安民 . 地方理论在城市休闲中的应用 [J]. 人文地理，2016，28(2):125-130.

[27] 何云 . 基于消费情感的顾客满意感研究 [D]. 广州：中山大学博士学位论文，2007.

[28] 武文杰，孙业红，王英，等 . 农业文化遗产社区角色认同对旅游参与的影响研究——以浙江省青田县龙现村为例 [J]. 地域研究与开发，2021，40(01):138-143.

[29] 徐虹，张行发 . 国内社区参与旅游研究回顾与展望——基于 CiteSpace 和 Vosviewer 的知识图谱分析 [J]. 西南民族大学学报（人文社会科学版），2021，

42(08):218-228.

[30] 吕宛青 . 居民可持续遗产旅游参与行为研究——基于计划行为理论视角 [J]. 社会科学家，2019(12):89-100.

[31] 陈炜 . 四川盐文化遗产旅游扶贫内生动力——基于社区参与的角度 [J]. 社会科学家，2020(01):82-89.

[32] 杨学儒，曾馨莹，李浩铭 . 企业社区参与的研究进展、评析与启示 [J]. 学术研究，2020(08):106-113.

[33] 徐辰，杨槿 . 社区参与视角下的乡村规划过程模式与实践 [J]. 规划师，2019，35(01):88-93.

[34] 徐辰，杨槿，陈雯 . 赋权视角下的乡村规划社区参与及其影响分析——以陈庄为例 [J]. 地理研究，2019，38(03):605-618.

[35] 林晓娜，王浩，李华忠 . 乡村振兴战略视角下乡村休闲旅游研究：村民参与、影响感知及社区归属感 [J]. 东南学术，2019(02):108-116.

[36] 杨学儒，李浩铭 . 乡村旅游企业社区参与和环境行为——粤皖两省家庭农家乐创业者的实证研究 [J]. 南开管理评论，2019，22(01):76-86.

[37] 朱莎，姜珊，陶犁 . 外围赌注和社区居民旅游承诺行为影响机制——以京郊市级民俗户为例 [J]. 地理

研究，2019，38(05):1208-1221.
[38] 王兆峰，向秋霜 . 基于 MOA 模型的雪峰山区社区居民参与旅游扶贫机制 [J]. 吉首大学学报（自然科学版），2019，40(03):56-66.
[39] 周泽鲲，乌铁红，唐文跃 . 旅游虚拟社区成员的参加动机对其契合行为的影响——以户外旅行俱乐部为例 [J]. 资源科学，2019，41(09):1734-1746.
[40] 刘利，成栋，苏欣 . 意见领袖对旅游虚拟社区参与行为影响的实证研究——以大学生为例 [J]. 旅游学刊，2018，33(09):83-93.
[41] 田舒 . 社会交换视角下的社区参与 : 特征及机制分析 [J]. 中南大学学报（社会科学版），2018，24(05):153-161.
[42] 林碧虾，陈曼琳，陈贵松，等 . 基于 MGB 理论的农户参与乡村旅游影响因素研究——以福州三个地区为例 [J]. 科技和产业，2018，18(11):6-11.
[43] 张峰 . 旅游者的社交网络特征对入疆旅游态度的影响 [J]. 财富时代，2022(03):174-176.
[44] 熊志航，刘云 . 社交网络下老牌旅游地旅游形象在官方传播与 UGC 中的差异性研究——以西双版纳

为例 [J]. 中国集体经济，2020(35):116-118.
[45] 龙睿，吴旭云 . 消费者社交网络嵌入对旅游态度的影响——基于江浙沪部分城市的实证数据 [J]. 社会科学家，2020(09):45-51.
[46] 黄钟军，薛忠宇 . 社交媒体视阈下的影像景观与文旅融合 [J]. 电影评介，2020(07):1-5.
[47] 牛俊洁，崔忠伟，赵晨洁，等 . 个性化旅游推荐技术研究及发展综述 [J]. 物联网技术，2020，10(03):86-88+91.
[48] 赵益杉 . 电子商务环境下旅游营销模式的创新 [J]. 成功营销，2018(12):84.
[49] 李苗裔，曹哲静，党安荣，等 . 基于社交网络数据的智慧景区客流分析与情感探测——以黄山风景名胜区为例 [J]. 中国园林，2018，34(12):52-56.
[50] 刘曦 . 国际旅游营销的社交媒体传播效果指标体系研究 [J]. 浙江理工大学学报（社会科学版），2018，40(02):163-169.
[51] 宋蒙蒙，黄睿 . 旅游者 SNSM 线上互动对线下参与意愿的影响机理研究 [J]. 东北财经大学学报，2018(01):50-58.

[52]胡克明 . 我国传统社会中的情理法特征——交互融合与互动共生 [J]. 浙江社会科学，2012，(3):83-88+147+158.

[53]胡抚生 . 旅游目的地形象对游客推荐意愿、支付意愿的影响研究：以杭州为例 [D]. 杭州：浙江大学博士学位论文，2009.

[54]朱江 . 社交媒体的实时分享对消费者就餐体验和品牌评价的影响及内在机制研究 [D]. 合肥：中国科学技术大学博士学位论文，2018.

[55]吴丽敏 . 文化古镇旅游地居民“情感—行为”特征及其形成机理 [D]. 南京：南京师范大学博士学位论文，2015.

[56]赵露红 . 移动短视频平台城市形象传播与用户参与行为研究 [D]. 郑州：郑州大学硕士学位论文，2020.

[57]李如友 . 游客参与旅游体验价值共创机理研究——基于社会网络视角 [D]. 杭州：浙江工商大学博士学位论文，2018.

[58]张灿 . 游客生态旅游感知价值对行为意向影响机制研究 [D]. 徐州：中国矿业大学博士学位论文，2021.

[59]龙睿，吴旭云 . 消费者社交网络嵌入对旅游态度的

影响——基于江浙沪部分城市的实证数据 [J]. 社会科学家，2020(09):45-51.
[60] 宋蒙蒙，乔琳，胡涛 . 基于 SOR 理论的社交网络互动对旅游行为的影响 [J]. 企业经济，2019(05):72-79.
[61] 李卫宁，史达，张冰超 . 新媒体时代旅游者行为研究综述 [J]. 东北财经大学学报，2018(06):29-36.
[62] 孔婷，孙媛 . 提升社交网络对旅游目的地选择影响效果的对策研究 [J]. 全国流通经济，2018(31):72-73.
[63] 徐旋旋，肖迎元，许庆贤 . 基于社交网络的个性化旅游景点推荐方法 [J]. 天津理工大学学报，2017，33(04): 46-50+56.
[64] 覃子珍，娄策群 . 旅游网络信息生态链结构模型构建与分析 [J]. 情报理论与实践，2017，40(07):127-131.
[65] 费迪南·滕尼斯 . 共同体与社会 : 纯粹社会学的基本概念 [M]. 林荣远，译 . 北京 : 商务印书馆，1999.
[66] 乌韦·卡斯滕斯 . 滕尼斯传 : 弗里斯兰人与世界公民 [M]. 林荣远，译 . 北京 : 北京大学出版社，2010.
[67] 朱启彬 . “互联网 +” 背景下的村落共同体重塑 [J]. 人民论坛·学术前沿，2017(21)：72-75.

[68]金恒江，聂静虹，张国良 . 乡村居民社交网络使用与人际交往———基于中国 35 个乡镇的实证研究 [J]. 新闻与传播研究，2020(2).

[69]汤景泰，陈秋怡，徐铭亮 . 情感共同体与协同行动：香港“修例风波”中虚假信息的动员机制 [J]. 新闻与传播研究，2021(8)：58-76+127.

[70]孙九霞 . 旅游发展与公民教育的交互作用 . 旅游学刊，2015，30(10):16-17.

[71]田野，卢东，SAMART P. 游客的敬畏与忠诚：基于情绪评价理论的解释 [J]. 旅游学刊，2015,30(10):80-88.

[72]杨桃莲 . 大学生自我认同的建构 [D]. 上海：复旦大学，2009.

[73]王云强 . 情感主义伦理学的心理学印证：道德情绪的表征及其对道德行为的影响机理 [J]. 南京师大学报：社会科学版，2016,(6):128-135.

[74]段海超，蒲清平 . 社会主义核心价值观认同的心理机制 [J]. 东北师大学报：哲学社会科学版，2016,(5):223-227.

[75]俞国良，赵军燕 . 自我意识情绪：聚焦于自我的道德情绪研究 [J]. 心理发展与教育，2009,25(2):116-120.

[76] 谢诗韵 . 小学中高年级儿童集体自豪情绪及其对群体亲社会倾向的影响 [D]. 上海 : 华东师范大学，2017.

[77] 张智琦，朱睿达，刘超 . 国家自豪感对亲社会行为的影响 : 群体类型和忠诚度的调节作用 [J]. 科学通报，2020,65(19):1956-1966.

[78] 史清敏，赵海 . 自我表现理论概述 [J]. 心理科学进展，2002,10(04):425-432.

[79] Schlenker B R.Impression Management:The Self-Concept,Social Identity, andInterpersonal Relation[M]. Monterey, CA:Brooks/Cole.1980.

[80] Arkin R M.Self-presentation styles[J].Impression management theory and social psychological research,1981,311:334.

[81] Baumeister,Roy F A self-presentational view of social phenomena[J].Psychological Bulletin,1982,91(1):3-26.

[82] Tetlock P E,Manstead A S.Impression management versus intrapsychic explanations in social psychology: A useful dichotomy?[J].Psychological review,1985, 92(1):59.

[83] 肖崇好 . 自我监控与社会行为的线索、控制和适宜性的相关研究 [D]. 惠州学院学报（社会科学版）2012,32(04):89-92.

[84] 李琼，郭德俊 . 印象整饰的概念、动机及行为策略简述 [J]. 心理科学，1997(1):69-72.

[85] 戈夫曼 . 日常生活中的自我呈现 [M]. 杭州：浙江人民出版社，1989.

[86] Tedeschi J T,Schlenker B R,Bonoma T V.Cognitive dissonance:Private ratiocination or public spectacle?[J]. American Psychologist,1971,26(8):685.

[87] Karat C M，Karat J，Vergo J，et al.That's Entertainment! Designing Streaming，Multimedia Web Experiences[J]. International Journal of Human-Computer Interaction，2002,14(3-4):369-384.

[88] 王庆森 . 基于网站特性与消费者个体特征的网络冲动性购买研究 [D]. 杭州：浙江大学，2008.

[89] Novak T P, Hoffman D L, Yung Y.Measuring the Customer Experience in Online Environments:A Structural Modeling Approach[J].Marketing Science, 2000, 19(1):22-42.

[90] Hausman A V, Siekpe J S.The Effect of Web Interface Features on Consumer Online Purchase Intentions[J]. Journal of Business Research, 2009,62(1):5-13.

[91] Gefen D, Straub D W.Consumer Trust in B2C E-commmerce and the Important of social Presence : Experiment in E-products and E-services[J].The International Journal of Management Science, 2004,32(6):407-424.

[92] Nicholash L, Charlotte H M. Visual representation: Implications for decision making[J]. Journal of Marketing, 2007,71(8):345-354.

[93] 黄京华，金悦，张晶 . 企业微博如何提升消费者忠诚度——基于社会认同理论的实证研究 [J]. 南开管理评论，2016，19(4):159-168.

[94] Hua H J, Yue Y J, Jing Y Z. How Corporate microblogs promote consumer Loyalty: An Empirical study based on Social Identity Theory [J]. Nankai management review, 2016,19(4):159-168.

[95] 吴茂英，沈海莉 . 新媒体时代视觉材料与目的地形象关系研究 [J]. 旅游学刊，2018,33(3):5-7.

[96]Wu M Y, Shen H L.Research on the relationship between visual materials and destination image in the new media era [J]. Tourism Tribune, 2018,33(3):5-7.

[97]Liu Y, Shrum L J. What is interactivity and is it always such a good thing? Implications of definition, person, and situation for the influence of interactivity on advertising effectiveness[J]. Journal of Advertising, 2002,31(4):53-64.

[98]陈晔，李天元，赵帆 . 目的地网络界面对旅游者体验及品牌形象的影响 [J]. 旅游学刊，2014,9(10)：31-41.

[99]Chen Y, Li T Y, Zhao F. Impact of destination network on tourist experience and brand image [J]. Tourism Tribune, 2014, 29(10):31-41.

[100]Gefen D, Straub D W. Consumer Trust in B2C E-commerce and the Important of social Presence: Experiment in E-products and E-services [J].The International Journal of Management Science, 2004, 32(6): 407-424.

[101]王庆森 . 基于网站特性与消费者个体特征的网络冲

动性购买研究 [D]. 杭州：浙江大学，2008.
[102] Novak T P. Hoffman D L, Yung Y. Measuring the customer Experience in online Environments: A Structural Modeling Approach[J]. Marketing Science,2000,19(1):22-42.
[103] Hausman A V, Siekpe J S. The Effect of Web Interface Features on Consumer Online Purchase Intention[J]. Journal of Business Research, 2009, 62(1):5-13.
[104] Litt, Eden, Hargittai E.Smile, snap, and share? A nuanced approach to privacy and online photo-sharing [J]. Poetics,2014,42:1-21.
[105] Kaplan, Andreas M, Haenlein M. Users of the world, unite! The challenges and opportunities of social media [J], Business horizons, 2010,53(1):59-68.
[106] Daugherty, Terry, Matthew S,et al.Exploring consumer motivations for creating user-generated content [J]. Journal of Interactive Advertising 2008,S (2):16-25.
[107] Krishnamurth, Sandeep, Wenyu Dou. Note from special issue editors: advertising with user-generated

content: a framework and research a genda [J]. Journal of Interactive Advertising 2008,8 (2):1-4.

[108] Grubb, Edward L, Harrisn L, et al.Consumer self-concept, symbolism and market behavior:A theoretical approach[J].The Journal of Marketings 1967:22-27.

[109] Robinson, Eric, Tobias, et al.Social matching of food intake and the need for social acceptance[J].Appetite, 2011,55(3), 747-752.

[110] Argo, Jennifer J, Darren W, et al. The influence of a mere social presence in a retail context [J]. Journal of comsumer research, 2005,32(2),207-212.

[111] Gilbert, Eric, Karahalios K. Predicting tie strength with social media [EB/OL], Proceedings of the SIGCHI conference on human factors in computing systems, ACM, 2009:211-200.

[112] Schau J, Hope, Mary C. We are what we post? Self-presentation web space [J]. Journal of comsumer research, 2003,30(3):385-404.

[113] Latane, Bibb. The Psychology of Social Impact [J]. American Psychologist, 1981,36(4):343-356.

[114] Wooten, David B, Reed A.Playing it safe: Susceptibility to normative influence and protective self-presentation [J].Journal of Consumer Research, 2004,31(3):551-556.

附录

附录 1

访谈提纲

主 题	主要内容
对桂林旅游形象传播参与意愿	你觉得应该如何在社交媒体上宣传桂林的旅游形象
	就个体而言，应该采取哪些行为来宣传桂林的旅游形象
影响因素认知	你觉得社交媒体的哪些方面会有助于人们宣传桂林的旅游形象
	你是否愿意在社交媒体上宣传桂林的旅游形象，原因是什么
	您如何看待社交媒体对您的价值
	你会在哪种社交媒体上进行宣传，原因是什么

附录 2

调查问卷

个人信息：

性别：①男性 ②女性

年龄：① 18 岁以下 ② 18~30 岁 ③ 31~45 岁 ④ 46~60 岁 ⑤ 60 岁以上

受教育程度：①高中及以下 ②大专 ③本科 ④研究生及以上

职业：①政府公务员 ②专业技术人员 ③企业、公司职员 ④自由职业者 ⑤退休人员 ⑥个体经营者 ⑦学生 ⑧其他

经济收入（元/月）：① 3000 元及以下 ② 3001~5000 元 ③ 5001~10000 元 ④ 10001 元及以上

居民性质：①本地居民 ②外来居民

居住年限（桂林）：① 5 年及以下 ② 6~10 年 ③ 11~15 年 ④ 16~20 年 ⑤ 21 年及以上

社交媒体使用频率：①从不 ②偶尔 ③经常 ④每天

最常用的社交媒体是：①微信 ②微博 ③ QQ ④小红书 ⑤抖音⑥其他

居民内在特征（针对每个问题，请您在认为适合的数字上打“√”）

区分	项　目	非常不同意	不同意	一般	同意	非常同意
地方依恋	我很喜欢桂林	1	2	3	4	5
	如果条件许可我希望长期居住在桂林	1	2	3	4	5
	我觉得我的生活离不开桂林	1	2	3	4	5
	出门在外，我经常想起桂林	1	2	3	4	5
	我对桂林有较强的认同感	1	2	3	4	5
	桂林的环境适合生活居住	1	2	3	4	5
	我十分依恋桂林	1	2	3	4	5
居民自豪感	物质生活得到比较好的保障	1	2	3	4	5
	遇到困难能够得到比较及时的帮助	1	2	3	4	5

续 表

区分	项 目	非常不同意	不同意	一般	同意	非常同意
居民自豪感	生活中能够得到他人的尊重	1	2	3	4	5
	我对目前的生活感到幸福	1	2	3	4	5
	我为生活在桂林感到骄傲和自豪	1	2	3	4	5
居民自我表现	我使用社交媒体是为了方便自由地表达自己	1	2	3	4	5
	通过社交媒体可以记录生活片段、成长点滴	1	2	3	4	5
	社交媒体可以帮我树立一个更理想的形象	1	2	3	4	5

社交媒体特征（针对每个问题，请您在认为适合的数字上打“√”）

区分	项目	非常不同意	不同意	一般	同意	非常同意
公开性	社交媒体用户规模庞大	1	2	3	4	5
	社交媒体传播的信息已成为人们浏览互联网的重要内容	1	2	3	4	5
	社交媒体信息传播及时且广泛	1	2	3	4	5
互动性	在社交媒体平台，我可以和朋友分享信息和新想法	1	2	3	4	5
	通过浏览别人在社交媒体中分享的信息丰富了我的知识	1	2	3	4	5
	我会经常在社交媒体中为他人点赞和评论	1	2	3	4	5
娱乐性	我在社交媒体中分享信息、图片和视频时我感到很快乐	1	2	3	4	5
	我觉得社交媒体中的信息很有趣	1	2	3	4	5
	在我无聊的时候，社交媒体可以帮我打发时间	1	2	3	4	5

居民感知价值（针对每个问题，请您在认为适合的数字上打“√”）

区分	项 目	非常不同意	不同意	一般	同意	非常同意
社会价值	社交媒体可以方便游客了解桂林	1	2	3	4	5
	社交媒体中的正面信息可以帮助桂林树立良好的旅游目的地形象	1	2	3	4	5
	在社交媒体中可以找到我所需要的信息	1	2	3	4	5
	社交媒体让旅游产品信息更加透明	1	2	3	4	5
情感价值	社交媒体可以让我得到一些情感上的支持	1	2	3	4	5
	社交媒体可以让我得到身份上的认同	1	2	3	4	5
	通过社交媒体我可以和网络上的其他成员建立联系	1	2	3	4	5

续　表

区分	项　目	非常不同意	不同意	一般	同意	非常同意
共同体价值	社交媒体中有我在桂林的生活圈子	1	2	3	4	5
	我认为我是桂林生活圈的一分子	1	2	3	4	5
	我认为我和桂林是紧密相连的	1	2	3	4	5
	社交媒体让我与桂林的关系更紧密了	1	2	3	4	5

居民参与意愿（针对每个问题，请您在认为适合的数字上打“√”）

区分	项　目	非常不同意	不同意	一般	同意	非常同意
分享意愿	我愿意在社交媒体上分享桂林的旅游资源	1	2	3	4	5
	我愿意把我在本地的当下经历和体验通过社交媒体分享给大家	1	2	3	4	5

续 表

区分	项　目	非常不同意	不同意	一般	同意	非常同意
分享意愿	在社交媒体中分享本地的经历和体验，以及互动，我感到愉快	1	2	3	4	5
	我认为由于我在社交媒体中分享本地经历和体验，桂林可以得到社会更多的关注	1	2	3	4	5
推荐意愿	我愿意通过社交媒体向朋友和社会人士推荐桂林	1	2	3	4	5
	当其他人希望我提供桂林旅游建议时，我愿意将桂林的旅游资源推荐给他	1	2	3	4	5
推荐意愿	我在社交媒体中分享本地旅游体验时，愿意同时进行旅游地的推荐	1	2	3	4	5
	我认为我在社交媒体中推荐本地的旅游资源可以吸引游客，为桂林旅游业做出贡献	1	2	3	4	5